**"ධම්මෝ හි වාසෙට්ඨා, සෙට්ඨෝ ජනේතස්මිං
දිට්ඨේ චේව ධම්මේ, අභිසම්පරායේ ච."**

වාසෙට්ඨයෙනි, මෙලොවෙහි ත්, පරලොවෙහි ත්
ජනයා අතර ධර්මය ම ශ්‍රේෂ්ඨ වෙයි !

- අග්ගඤ්ඤ සූත්‍රය - භාග්‍යවත් බුදුරජාණන් වහන්සේ

නුවණ වැඩෙන බෝසත් කථා - 32
ජාතක පොත් වහන්සේ
(පුචිමන්ද වර්ගය)

පූජ්‍ය කිරිබත්ගොඩ ඤාණානන්ද ස්වාමීන් වහන්සේ

ISBN : 978-955-687-155-5

ප්‍රථම මුද්‍රණය	:	ශ්‍රී බු.ව. 2561 ක් වූ බක් මස පුන් පොහෝ දින
සම්පාදනය	:	මහමෙව්නාව භාවනා අසපුව වඩුවාව, යටිගල්ඔළුව, පොල්ගහවෙල. දුර : 037 2244602 info@mahamevnawa.lk | www.mahamevnawa.lk

පරිගණක අකුරු සැකසුම, පිටකවර නිර්මාණය සහ ප්‍රකාශනය :
මහාමේඝ ප්‍රකාශකයෝ
වඩුවාව, යටිගල්ඔළුව, පොල්ගහවෙල.
දුර : 037 2053300, 076 8255703
mahameghapublishers@gmail.com

මුද්‍රණය	:	ලීඩ්ස් ග්‍රැෆික්ස් (පුද්.) සමාගම, අංක 356 E, පන්නිපිටිය පාර, තලවතුගොඩ. ටෙලි: 011-4301616 / 0112-796151

නුවණ වැඩෙන
බෝසත් කථා - 32
ජාතක පොත් වහන්සේ
(පුචිමන්ද වර්ගය)

සරල සිංහල පරිවර්තනය

පූජ්‍ය කිරිබත්ගොඩ ඤාණානන්ද ස්වාමීන් වහන්සේ

මහාමේඝ
MAHAMEGHA

ප්‍රකාශනයකි

පෙරවදන

ජාතක පොත් වහන්සේ ඔබ කියවලා ඇති. කුඩා අවධියේත්, පාසලේදීත්, සරසවියේත්, පන්සලේ බණ මඩුවේත්, වෙසක් නාඩගමේත් අපි ජාතක කථා රස වින්දෙමු. නමුත් එහි සැබෑ අරුත කුමක් දැයි තේරුම් ගන්නට අප සමත් වූ වගක් නම් නොපෙනේ.

'නුවණ වැඩෙන බෝසත් කථා' නමින් ඒ ජාතක කථා ඔබේම භාෂාවෙන් ඔබට කියවන්නට ලැබෙන්නේ එයින් ඉස්මතු වන අරුතත් සමඟිනි. මෙහි අරුත් දැන එම කථාවත් මතක තබා ගෙන සත්පුරුෂ ගුණධර්ම දියුණු කර ගන්නට මහන්සි ගන්නේ නම් එය ජාතක කථාවෙන් ඔබට ලැබෙන සැබෑම ප්‍රතිඵලයයි.

හැම දෙනාටම තෙරුවන් සරණයි!

මෙයට,
ගෞතම බුදු සසුන තුළ මෙත් සිතින්,
පූජ්‍ය කිරිබත්ගොඩ ඤාණානන්ද ස්වාමීන් වහන්සේ
ශ්‍රී බුද්ධ වර්ෂ 2560 ක් වූ වෙසක් මස 31 දා

මහමෙව්නාව භාවනා අසපුව
වඩුවාව, යටිගල්ඔළුව,
පොල්ගහවෙල.

පටුන

32. පුච්මන්ද වර්ගය

නමෝ තස්ස භගවතෝ අරහතෝ සම්මාසම්බුද්ධස්ස
ඒ භාග්‍යවත් අර්හත් සම්මා සම්බුදුරජාණන් වහන්සේට නමස්කාර වේවා!

01. පුචිමන්ද ජාතකය

කොහොඹ ගසේ හුන් රුක්දෙවියාගේ කතාව

පින්වතුනේ, පින්වත් දරුවනේ,

යමෙකුගෙන් අපට අනතුරක් වේවි කියා සැක සිතෙනවා නම් ඉක්මණින් එතැන මගහැර යන්ට ඕනෑ. යමෙකුට ඉන්ට දීමෙන් ඔහු නිසා අපට අවැඩක් හානියක් වෙන්ට තියෙනවා කියා තේරුම් ගියොත් ඉක්මණින්ම ඔහුව පිටත් කරවන්ට ඕනෑ. නුවණින් යුක්තව සිතාමතා කටයුතු කිරීමෙන් අපට එවැනි දේවල් කරන්ට පුළුවනි. මේ කතාවෙන් කියැවෙන්නේ එවැනි දෙයක්.

ඒ දිනවල අපගේ භාග්‍යවතුන් වහන්සේ වැඩ වාසය කොට වදාළේ රජගහනුවර වේළුවනයේ. ඔය කාලේ අපගේ මහාමොග්ගල්ලානයන් වහන්සේ රජගහනුවර ඇසුරු කරගෙන එක්තරා වනගත කුටියක වාසය කළා. දවසක් හොරෙක් රජගහනුවර නගර දොරටුවේ ගමක ගෙයක් බිඳලා වටිනා වස්තුව අරන් පලායන ගමන් අපගේ මහාමොග්ගල්ලානයන් වහන්සේගේ කුටි ප්‍රදේශයට ආවා. 'ආ... මේ තියෙන්නේ මට ආරක්ෂාවට අපූරු තැනක්' කියා ඒ හොරා අපේ මහතෙරුන්නාන්සේගේ කුටිය දොරකඩ නිදාගත්තා.

අපේ මහාමොග්ගල්ලානයන් වහන්සේට තේරුනා කවුරු නමුත් ඇවිත් කුටියේ දොරකඩ නිදා ඉන්නා වග. උන්වහන්සේට මේ පුද්ගලයා ගැන සැක හිතුනා. 'මී... මේ පුද්ගලයා හොරෙක් වෙන්ට ඕනෑ. මෙවැනි කෙනෙකුට මෙතැන ඉන්ට දීම අනතුරුදායකයි. පැවිද්දෙකුට හොරෙකුගේ ආශ්‍රය ලැබුනා යන කතාව බොහෝම නරකයි. මං මේ පුද්ගලයාව මෙතැනින් පිටමං කරන්ට ඕනෑ.'

එතකොට උන්වහන්සේ කුටියේ දොර ඇරගෙන එළියට වැඩියා. "මේ... පින්වත... කරුණාකරලා මෙතැනින් යන්ට. ඔබ මෙතැන ඉන්න එක සුදුසු නෑ. මං මේ විවේකයෙන් ඉන්ට ආපු පැවිද්දෙක්. ඔව්... වහාම... දැන්ම පිටත් වෙන්ට."

එතකොට හොරා හෙමිහිට බඩුපොදියත් කරගසාගෙන පළාගියා. මිනිස්සු හුළුඅතු පත්තු කරගෙන රාත්‍රියේ ම හොරා පැන ගිය අඩි පාරවල් ඔස්සේ සොයාගෙන කැලේ කුටියටත් ආවා. හැම තැන ම හොරාගේ අඩිපාරවල් තියෙනවා දැක්කා. නමුත් සොරාව සොයාගන්ට බැරි වුනා. මිනිස්සු හැරී ගියා.

පසුවදා රජගහනුවර පිඬුසිඟා වැඩි අපගේ මහාමොග්ගල්ලානයන් වහන්සේ දන් වළඳා වේළුවනයට ගොහින් අපගේ භාග්‍යවතුන් වහන්සේව බැහැදැක්කා. භාග්‍යවතුන් වහන්සේට සිදුවූ සියල්ල සැළකළා. භාග්‍යවතුන් වහන්සේ මෙසේ වදාළා.

"එහෙම තමයි මොග්ගල්ලානයෙනි, සැක කටයුතු අවස්ථාවේ ඔබ ඒ පුද්ගලයාව සැකකොට එතැනින් පිටත් කරගත් එක බොහොම හරි. ඔබ පමණක් නොවේ

ඉස්සර හිටිය නුවණැත්තොත් සැකකටයුතු පුද්ගලයන්ව සැකකොට තමන් සිටි තැනින් බැහැර කොට තියෙනවා" කියා මේ අතීත කතාව ගෙනහැර දක්වා වදාළා.

"මහණෙනි, ගොඩාක් ඉස්සර කාලෙක බරණැස්පුරේ බ්‍රහ්මදත්ත නමින් රජ්ජුරු කෙනෙක් රාජ්‍ය කරමින් සිටියා. ඔය කාලේ මහාබෝධිසත්වයෝ නගරයේ කනත්ත පිහිටි තැන වනාන්තරේ කොහොඹ වෘක්ෂයක දේවතාවෙක් වෙලා උපන්නා. දවසක් නගරයේ ගෙයක් බිඳපු සොරෙක් බඩුපොදියකුත් කරතියාගෙන ඇවිත් කනත්තට ගොඩවුනා. ගොඩවෙලා සොරා වටපිට බැලුවා. එතැන ලොකු කොහොඹ ගසකුයි ඇහැටු ගසකුයි තියෙනවා දැක්කා. දැකලා කෙලින්ම කොහොඹ ගස ළඟට ආවා. බඩුපොදියත් ගහමුල තියා එතැන ම හාන්සි වුනා.

ඔය කාලේ හොරුන්ට දෙන දඬුවම කොහොඹ උලක් මත හිඳුවා මැරීමයි. කොහොඹ වෘක්ෂයේ සිටිය දෙවියා මෙහෙම සිතුවා.

'හරි වැඩේ... මේ සොරා ඇවිත් කොහොඹ රුක්මුල නිදියගත්තා නොවැ. බැරිවෙලාවත් මිනිස්සු මේකාගේ පියවර පස්සේ පන්නාගෙන ආවොත් මේකාව අල්ලා ගන්නවා. ඊට පස්සේ මේකාව උල තබන්ට මේ කොහොඹ ගස කපා දමාවි. එහෙම දෙයක් වුනොත් මගේ විමානයත් මට නැතිවෙනවා. ඉක්මණින්ම මේකාව මෙතනින් පන්නා දමන්ට ඕනෑ' කියා මේ පළමු ගාථාව පැවසුවා.

(1). ඒයි නැගිටපිය හොරෝ -
තෝ මොකදෑ මෙහි නිදන්නෙ
නිදා ගැනීමෙන් තා හට -

මෙතැනින් මොනවද ලැබෙන්නේ
ගමේ දරුණු සොරකම් කළ -
තක්කඩියෙක් බව දැන ගෙන
හමුදාවෙන් දැන් ඇවිදින් -
තෝ අල්ලා ගන්ට එපා

එතකොට හොරා හොඳටම භය වුනා. කලබලෙන් නැගිට්ටා. බඩුපොදියත් අරං එක හුස්මට දිව්වා. ඔහු පැන දිව්වාට පස්සේ ඇහැටු වෘක්ෂයේ සිටිය දේවතාවා මේ දෙවැනි ගාථාව කිව්වා.

(2). ගමේ දරුණු සොරකම් කළ -
තක්කඩියෙක් සිටියෝතින්
ගම්මු ඇවිත් ඒ හොරාව -
අල්ලාගෙන යන්නෙ නැතෑ
වනේ තියෙන කොහොඹ රුකට -
ඒකෙන් ඇති වගක් කුමට?

එතකොට කොහොඹ වෘක්ෂ දේවතාවා මේ පිළිතුරු ගාථාව පැවසුවා.

(3). ඇහැටු රුකේ ඉන්න දෙවිය -
තේරෙන්නැති හැටි ඔහේට
කොහොඹ රුකත් සොරත් අතර -
සම්බන්ධය දන්නෙ නැද්ද
හමුදාවෙන් ආවෝතින් -
අල්ලාගෙන ඒ හොරාව
කොහොඹ උලක නොවැ ඒකව -
හිඳුවා මරලා දමන්නේ
මගේ සිතට සැක ආවේ -
ඔය ගැන මං සිතූ නිසයි

මේ විදිහට ඒ දෙව්වරු දෙන්නා කතා කරමින් සිටිද්දී සොරාගේ පියවර ඔස්සේ හුළුඅතු පත්තු කරගත් මිනිස්සු එනවා දැක්කා. ඔවුන් ඇවිත් කනත්තට ගොඩවුනා. කොහොඹ ගස ළඟටත් ආවා. හොරා කොහොඹ ගස මුල නිදා උන්නු වගත් දැනගත්තා. "ඒයි... මේ... මේං... බලාපල්ලා... මේ දැන් ඒකා පැනලා ගිහින් තියෙන්නේ. මේ... මෙතැන නිදාගෙනත් ඉඳලා. හැබැයි ඔය හොරාව අහුවුනානම් ආයෙ දෙකක් නෑ මේ කොහොඹ ගහෙන් උලක් කපාන ඒකේ ඉන්දනවා. නැත්නම් මේ කොහොඹ අත්තක ඕකාව එල්ලනවා... කෝ... මේකා... ගිහින් නොවැ... කෝකටත් තව හොයාපල්ලා!" කියලා මිනිස්සු ගියා. ඔවුන්ගේ වචන ඇසූ ඇහැටු රුකේ දේවතාවා මේ සතරවැනි ගාථාව කිව්වා.

(4). සැක කළ යුතු යමක් ඇද්ද -
එය සැක කළ යුතුම තමයි
වෙන්ට තියෙන අනතුරු දැක -
එය වළකාගත යුතු ම යි
අනාගතේ සිදුවිය හැකි -
උවදුරු හා විපත් හැඳින
නුවණැත්තා මෙලොව මෙන්ම -
පරලොව යන දෙක ම බලයි

මහණෙනි, එදා ඇහැටු රුකේ දේවතාවා වෙලා සිටියේ අපගේ සාරිපුත්තයෝ. කොහොඹ රුකේ දේවතාවා වෙලා සිටියේ මම" යි කියා භාග්‍යවතුන් වහන්සේ මේ ජාතකය නිමවා වදාළා.

02. කස්සප මන්දිය ජාතකය

කස්සප තාපසයාගේ කතාව

පින්වතුනේ, පින්වත් දරුවනේ,

මේ සසර සැරිසරා යාමේදී ඉතාම සුළු දේ පවා සසර පුරුද්දක් හැටියට තියෙන්ට පුළුවන් බව පේනවා. එවැනි දේ නැවතත් ඒ විදිහට කෙරෙනවා. හරිම පුදුමයි මේ සසරේ හැටි. මෙය එබඳු කතාවක්.

ඒ දිනවල අපගේ භාග්‍යවතුන් වහන්සේ වැඩ වාසය කොට වදාළේ සැවැත්නුවර ජේතවනයේ. ඔය කාලයේ සැවැත්නුවර වාසය කළ සැදැහැවත් තරුණයෙක් කාමයන්ගේ ඇති නිස්සාරබව අවබෝධ කරගෙන ගිහිගෙදරින් නික්මුණා. උතුම් බුද්ධශාසනයේ පැවිදි බව ලබාගත්තා. ප්‍රතිපත්ති පූජාවෙන් භාග්‍යවතුන් වහන්සේ පුදන්ට ඕනෑ කියා ධර්මානුධර්ම ප්‍රතිපදාවට කැප වුනා. සුළු කලකින් ම උතුම් අරහත්වයට පත් වුනා.

කලක් ගතවෙද්දී මේ භික්ෂුවගේ මෑණියෝ අභාවයට පත් වුනා. ගෙදර සිටියේ පියායි මල්ලියි විතරයි. එතකොට මේ භික්ෂුව සිය පියාවත් බාල සොයුරාවත් පැවිදි කරවා ගත්තා. ධර්මයේ හැසිරෙන්ට උපකාර කළා. එක වස් කාලයක් ළං වෙද්දී අසවල් පළාතේ සිවුරු රෙදි ලැබෙනවාය කියා දැනගන්ට ලැබී ඒ ප්‍රදේශයේ එක්

ගමක වස් සමාදන් වෙන්ට මේ තුන් නම ම පිටත් වුනා. වස් කාලේ අවසන් උනාට පස්සේ වස් පවාරනය කරලා ආපසු ජේතවනයට යන්ට පිටත් වුනා. ජේතවනයට ළං වෙද්දී අර භික්ෂුව පොඩිනමට මෙහෙම කිව්වා.

"පොඩි ආයුෂ්මතුන්, අපේ මේ පිය තෙරුන්නාන්සේව ටිකක් විවේක ගන්න ගමන් එක්කරගෙන වඩින්ට. මං වේලාසනින් ගොහින් වැඩ ඉන්ට තැනක් පිළියෙල කරන්නම්" කියා ඉක්මණින් පිටත් වුනා.

මහලු තෙරුන්නාන්සේ ඉතාමත් හෙමින් හෙමින් ආවේ. එතකොට පොඩිනම "අනේ ස්වාමීනී, රෑ වෙන්ට කලින් යන්ට ඕනෑ නොවැ. යමු යමු ඉක්මනට" කියලා ගෙල ළඟින් අත තබා බලෙන් වගේ එක්කරගෙන ගියා. එතකොට මහලු තෙරුන් කිපුනා.

"ඈ උන්නාන්සේ... ඔහේ එනව ද මාව තමුන්නේ අඩංගුවේ තියාගන්ට. ඇයි මට යන්ට බැරිය කියලයි හිතන්නේ. නෑ... මට ඇහැක් විදිහටයි මං එන්නේ" කියලා ආපහු හැරිලා ගොහින් ගමන නැවතුනු තැන ඉඳලා ආයෙමත් හෙමින් හෙමින් එන්ට පටන් ගත්තා. පොඩිනමත් රෑ බෝ වෙනවාය කියා නෝක්කාඩු කියමින් යද්දි ම ඉර අවරට ගොහින් ටිකෙන් ටික කලුවර වුනා. දැන් දෙනම අන්ධකාරේ අමාරුවෙන් එනවා.

ඔය අතරේ කලින් ගිය භික්ෂුව අනිත් දෙනමටත් වැඩ ඉන්ට තැන් පිළියෙල කරලා මග බලාගෙන ඉන්නවා ඉන්නවා, තාමත් නෑ. බලාගෙන සිට බැරිම තැන කරදරයක්වත් ද කියා සිතා හුළු අත්තක් පත්තු කරගෙන ඒ දෙනම වඩින මග බලා පිටත් වුනා. ඒ දෙනම මුණගැසුනා.

"ඇයි මෙතරම් පමා වුනේ? අඳුර වැටෙන්ට කලියෙං ජේතවනයට ඒගන්ට පුළුවන්කම තිබුනා නොවැ" කියා විමසුවා.

"හහ්... කොහේ එන්ට ද? මේ පොඩි උන්නාන්සේ මයෙ බෙල්ල පිටිපස්සෙන් අත තියාන හනික යං යං කියාලා තල්ලු කරගෙන යන්ට ලේස්ති වුනේ හරියට මාව ඒ උන්නාන්සේගේ වසඟයේ තියාගන්ට වගේ නොවැ... ඒවා කොහෙද... මං එතකොට ආපහු නැවතිච්ච් තැනට ගොහින් ආයෙමත් ගමන පටන් ගත්තා... ඕං... එහෙමයි අද මං ආවේ."

"හා... හා... දැන් ඉතිං කමක් නෑ. මේ හුළුඅත්ත තියෙනවා නොවැ. හා... දැන් අපි යමු... මං ඔය දෙනමට වැඩ ඉන්ට තැන් පිළියෙල කරලයි මේ ආවේ" කියලා ඒ භික්ෂුව ඒ දෙනමත් එක්ක ජේතවනයට වඩිද්දී රෑ බෝ වුනා. මේ ප්‍රමාදය නිසා එදා භාග්‍යවතුන් වහන්සේට වන්දනා කරන්ටත් බැරි වුනා.

පසුදා ඒ භික්ෂුව භාග්‍යවතුන් වහන්සේ බැහැ දැක වන්දනා කළා. "භික්ෂුව... වස් අවසන් වෙලා මෙහි ආවේ කවදා ද?" "ස්වාමීනී, මං ඊයේ ආවේ" "මං දැක්කේ නෑ නොවැ." "අනේ ස්වාමීනී... ඊයේ මට ප්‍රමාද වුනේ මේ නිසා....." කියා ඒ භික්ෂුව සිදුවූ සියලු දේ භාග්‍යවතුන් වහන්සේට සැළකළා. එතකොට භාග්‍යවතුන් වහන්සේ ඒ මහලු භික්ෂුවගේ ක්‍රියාකලාපය ගැන අප්‍රසාදයෙන් කතා කොට මෙසේ වදාළා. "මහණෙනි, ඔය භික්ෂුව දැන් මේ ආත්මේ විතරක් නොවෙයි ඔය විදිහට හැසිරුනේ. මීට කලින් ආත්මෙකත් මොහුගේ ඔවැනිම ක්‍රියාකලාපයක් නිසා යහපත් තවුසන් පීඩාවට පත් වුනා."

"අනේ ස්වාමීනී, කලින් ආත්මෙත් මේ භික්ෂුව මේ විදිහට ම හැසිරුන ආකාරය ගැන අපට වදාරණ සේක්වා" කියා භාග්‍යවතුන් වහන්සේගෙන් ඉල්ලා සිටියා. භාග්‍යවතුන් වහන්සේ මේ අතීත කතාව ගෙනහැර දක්වා වදාළා.

"මහණෙනි, ගොඩාක් ඈත අතීතයේ බරණැස බ්‍රහ්මදත්ත නමින් රජ්ජුරු කෙනෙක් රාජ්‍ය විචාරමින් සිටියා. ඔය කාලේ මහාබෝධිසත්වයෝ බ්‍රාහ්මණ පවුලක උපන්නා. ඔහුගේ වියපත් කාලේ මව් කලුරිය කළා. එතකොට බෝධිසත්වයෝ මෑණියන්ගේ අවසන් කටයුතු කරලා තමන් සන්තක සියලු ධනයෙන් අඩමසක් පාසා මහා දන් පවත්වා තමන්ගේ පියාවත් බාල සොයුරාවත් පැවිදි වෙන්ට කැමති කරවා ගත්තා. ඊට පස්සේ තුන්දෙනා ම හිමාල වනය බලා පිටත් වුනා. හිමාලවනයට ගොහින් තුන්දෙනා ම ඍෂි පැවිද්දෙන් පැවිදි වුනා. සිත්කලු වනපෙදෙසක කුටි හදාගෙන තවුස්දම් පුරන්ට පටන් ගත්තා. අලවර්ග ගෙඩිවර්ග ආහාරයට අරගෙනයි ඔවුන් ජීවත් වුනේ.

වර්ෂා කාලෙට හිමාලෙට නොනැවතී එක දිගට වහිනවා. ඒ කාලෙට අල හාරාගන්ටත් බෑ. ගෙඩිවර්ගත් නෑ. ඒ කාලෙට තාපසවරු මිනිස් පියසට එනවා. ඉතින් බෝධිසත්වයෝත් තමන්ගේ පියතුමාත් සොයුරු තාපසයාත් හිමාලයෙන් පහළට එක්කරගෙන ආවා. මිනිස් පියසේ වැස්ස පායනකල් වාසය කළා. වැස්ස පායලා ගස්වැල්වල මල් පිපී එල හටගන්න කාලේ ආවා. එතකොට බෝධිසත්වයෝ අර දෙන්නාත් කැඳවාගෙන ආයෙමත් හිමාලවනයේ තමන්ගේ අසපුවට යන්ට පිටත් වුනා. අසපුව ළං වෙද්දී බෝධිසත්වයෝ මෙහෙම කිව්වා.

"පොඩි තාපසය, ඔබ එහෙනම් මේ තාපසින්නාන්සේ එක්ක විවේක ගනිමින් එන්ට. මං වේලපහින් ගොහින් අසපුවේ කුටි එකලස් කරලා හිට අපට ඉන්ට ඇහැක් විදිහට පිළියෙල කරන්නම්. රෑ බෝවෙන්ට කලියෙං අපි යාගන්ට එපායැ" කියලා ඉක්මණින් පිටත් වුනා. පොඩි තාපසයොත් මහලු තාපසයාගේ ඉනෙන් අල්ලාගෙන බලාත්කාරෙන් වගේ එක්කරගෙන යන්ට පටන් ගත්තා. මහලු තාපසයාට කේන්ති ගියා. "ඕ... මොකොද පොඩ්ඩෝ... ඔහේ ලේස්ති ඔහේට ඕනෑ විදිහට, ඔහේ ආසා කොරන විදිහට මාව එක්කරගෙන යන්ට ද ඈ? මේ... මාත් එක්ක ඒවා බෑ ඕං" කියලා මහලු තාපසයා විශ්‍රාමගත් තැනට ම ආපසු හැරී ගියා. ආයෙමත් මුලපටන් එන්ට පටන් ගත්තා. දෙන්නාගේ මේ පටලැවිල්ල නිසා ගමනත් පමා වුනා. හිරු බැස ගිහින් අන්ධකාර වෙලා ගියා.

බෝධිසත්වයෝ ගිහින් කුටි බිම අමදලා පැන් ගෙනත් තියලා දෙන්නා එනතුරු මගබලාගෙන ඉන්නවා ඉන්නවා එන පාටක් පේන්ට නෑ. එතකොට හුළු අත්තක් පත්තුකරගෙන ඒ දෙන්නා එන මග පෙරට ගියා. දෙන්නාව මුණ ගැසුනා. "හප්පේ... හොඳටම කළුවර වුනා නොවැ. ඇයි මෙතරම් පමා වුනේ?" පොඩිතාපසයෝ පියාගෙන් සිදුවූ මුරණ්ඩුකම ගැන බොහෝම සිත්වේදනාවෙන් කරුණු කිව්වා.

"හා... හා... දැන් ඉතින් මොනා කරන්ට ද? අපි පරෙස්සමින් යමු. මේ වනාන්තරේ ගල් මුල් තියෙනවා. සත්තු සර්පයි ඉන්නවා. කැලෑ සත්තු ඉන්නවා. හා දැන් යමු" කියලා බෝධිසත්වයෝ දෙන්නාම එක්කරගෙන ගියා.

කුටියට ගිහින් තවුස් පිරිකර තැන්පත් කරලා පියාව ස්නානය කරවා, අඟුරු කබලකින් පා උණුසුම් කරවා පැන් පොවා, පියාව යහනේ වාඩි කෙරෙව්වා.

"පියාණෙනි, අපේ පොඩි තාපසයෝ තාම කුඩයි නොවැ. ඉතාම තරුණයි නොවැ. මැටි භාජනේ වගේ පොඩි දේකිනුත් සිත බිඳෙනවා. අනික පිට කෙනෙක් යැ. දරුවා නොවැ. අපි ඉතින් යමක් කමක් තේරෙන වැඩිහිටි උදවිය හැටියට ටිකාක් ඔයිට වඩා ඉවසීමෙන් කටයුතු කළා නම් හොඳය කියලයි මට සිතෙන්නේ" කියා බෝධිසත්වයෝ මේ ගාථාවන් පැවසුවා.

(1). කාශ්‍යප තවුසාණෙනී
- මේ ගැනත් සලකනු මැන
නොතේරුම්කම නිසා දරුවෙක්
- බණිනවිට හා ගහන විට
ඒ සියලු දෙය නැණවතා ඉවසයි
- නැණවතා එයට සමාවත් දෙයි

(2). සත්පුරුෂයෝ වාද විවාද කරනා නමුත්
- නැවතත් වහා සමගි වෙත්
බාලයෝ බිඳෙති මැටි බඳුන් සේ
- ඔවුන් තුළ සංසිඳීමක් නැත

(3). තමා තුළ තරහ ඇවිස්සෙන විට
- එය වහා දැන මැඩ ගනී නම්
වරද පිළිගෙන යමෙක් නිවැරදි වෙන විට
- ඔහුටත් සමාව දෙයි නම්
ඒ අය නැවත සමගි වෙත් ම ය
- ඔවුන්ගේ මිතුදම ද නොනැසේ

(4). තරහ වී අසමගිව සිටින අය
- **සමගි කරයි නම් යමෙක් වෙහෙසී**
ඒ තැනැත්තා ලොවේ සිටිනා
- **ඉතා උත්තම කෙනෙක් වෙයි**
බර දරාගත හැකිය ඔහු හට
- **දැරිය හැක වගකීම් ඔහු හට**

මහණෙනි, ඔය විදිහට බෝධිසත්වයෝ මහලු තාපසයාට අවවාද කළා. එදායින් පස්සේ ඔහු ඉතා හොඳ තවුසෙක් වුනා.

මහණෙනි, එදා මුරණ්ඩු මහලු තාපසයා වෙලා සිටියේ අද මුරණ්ඩු මහලු භික්ෂුවයි. එදා පොඩි තාපසයා වෙලා සිටියේ අද පොඩිනමයි. එදා අවවාද දුන් තාපසයාව සිටියේ මම" යි කියා භාග්‍යවතුන් වහන්සේ මේ ජාතක කතාව නිමවා වදාළා.

03. ඛන්තිවාදී ජාතකය
ක්ෂාන්තිවාදී තාපසයාගේ කතාව

පින්වතුනේ, පින්වත් දරුවනේ,

මේ කතාව ඉතාමත් ප්‍රසිද්ධයි. වෙසක් කාලයට තොරන්වලත්, නොයෙක් සැරසිලිවලත් අපට මේ ක්ෂාන්තිවාදී තාපසතුමාගේ කතාව දැනගන්ට ලැබී තියෙනවා. ඇත්තෙන්ම මේ කතාව හරි පුදුම සහගතයි. කෙලෙස් සහිත කෙනෙක් වශයෙන් ඉඳගෙනත් මේ ආකාරයෙන් ඉවසීම පුරුදු කළා යන කරුණෙන් අපගේ භාග්‍යවතුන් වහන්සේ පාරමී පුරා ඇති ආකාරය නම් ලොව කිසිවෙකුටත් සිතාගත නොහැකි දෙයක්. අද්භූත දෙයක්. ආශ්චර්ය දෙයක්. මේ ඒ කතාවයි.

ඒ දිනවල අපගේ මහෝත්තම ශාස්තෘන් වහන්සේ වැඩ වාසය කොට වදාළේ සැවැත්නුවර ජේතවනයේ. ඔය කාලයේ ජේතවනයේ වහා කිපෙන ගති ඇති ක්‍රෝධ බඳින භික්ෂුවක් සිටියා. මේ භික්ෂුව නිසා අනිත් භික්ෂූන් වහන්සේලාට බොහෝ අපහසුතා ඇති වුනා. එතකොට වැඩිහිටි තෙරුන්නාන්සේලා භාග්‍යවතුන් වහන්සේ වෙත ගොහින් මේ භික්ෂුව ගැන සැළ කළා. භාග්‍යවතුන් වහන්සේ ඒ භික්ෂුව කැඳවා ඒ ගැන ප්‍රශ්න කළා. එතකොට ඒ භික්ෂුව තමන්ගේ වරද පිළිගත්තා. භාග්‍යවතුන් වහන්සේ මෙසේ වදාළා.

"ඇයි භික්ෂුව, මහා කරුණා මෛත්‍රියකින්, දයානුකම්පාවකින් පිරීගිය මෙවැනි අතිදුර්ලභ බුදුසසුනක පැවිදි වෙලා ක්‍රෝධබඳින්නෙක් බවට පත්වෙන්නේ. ඉස්සර කාලේ නුවණැත්තෝ තමන්ගේ ශරීරයට දහසක් ආයුධ පහරවල් වදිද්දී, අත්පා කන් නාසා කැලිවලට කපද්දී, හදවත පලද්දී ක්‍රෝධ සිතක් උපදවා ගත්තේ නැතිව උන්නා නොවැ" කියා මේ අතීත කතාව ගෙනහැර දක්වා වදාළා.

"මහණෙනි, ගොඩාක් ඉස්සර කාලෙක බරණැස්පුරේ කලාබු කාශි රජු නමින් රජ්ජුරු කෙනෙක් රාජ්‍ය කරමින් සිටියා. ඔය කාලේ මහාබෝධිසත්වයෝ අසූකෝටියක මහාධනස්කන්ධයක් ඇති උසස් බ්‍රාහ්මණ පවුලක උපන්නා. ඒ කාලේ බෝධිසත්වයන්ව 'කුණ්ඩක කුමාරයා' යන නමිනුයි හැඳින්වුනේ. තරුණ වයසේදී මේ කුමාරයා තක්සිලාවට ගොහින් සියලුම ශිල්ප ශාස්ත්‍ර ඉගෙන ගෙන මහා උගතෙක් වෙලා ගෙදර ආවා. ඇවිත් පවුල් ජීවිතයක් ගතකරන්ට පටන් ගත්තා. තමන්ගේ දෙමාපියන් අභාවයට පත්වුනාට පස්සේ ඔවුන් රැස්කොට තබා ගිය මහාධනස්කන්ධය දැකලා බෝධිසත්වයෝ මෙහෙම කල්පනා කළා. 'අයියෝ... මගේ දෙමාපියෝ මුළු ජීවිත කාලේම හරිහම්බ කරපු සෑම දෙයක් ම දාලා ගිහින් නොවැ. මාත් මේවා බදාගෙන හිටියොත් මට වෙන්නෙත් ඔය ටික ම යි. මං මේවා අරගෙන යන්ට ඕනෑ' කියලා ඒ සෑම දෙයක් ම දන් දුන්නා. ගිහි ජීවිතේ අත්හැරියා. හිමාලයට ගොහින් සෘෂි පැවිද්දෙන් පැවිදි වුනා.

හිමාල වනයේ කාලයක් ගත කරලා ලුණු ඇඹුල් සෙවීම පිණිස මිනිස් පියසට ඇවිත් අනුපිළිවෙළින් බරණැස් නුවරටත් ආවා. ඇවිත් කලාබු රජ්ජුරුවන්ගේ

උයනේ වාසය කළා. පසුවදා බරණැස් නගරෙට පිණ්ඩපාතේ පිණිස ගෙපිළිවෙලින් වඩිද්දී සෙන්පතිතුමාගේ ගේදොරකඩටත් පැමිණියා. හිමාලයෙන් වැඩම කළ මේ අලුත් තාපසින්නාන්සේගේ ඇවතුම් පැවතුම් ඉරියව් ගැන සෙන්පතිතුමා බොහෝම ප්‍රසන්න වුනා. තමන්ගේ නිවස ඇතුලට වඩමවාගෙන දන් පැන්වලින් උපස්ථාන කළා. "අනේ ස්වාමීනී, කොහේවත් වඩින්නේ මොකද, අපට දන් පැන්වලින් උපස්ථාන කරන්ට පුළුවනි. ඔය රාජ උද්‍යානය බොහෝම විවේකයි. එතැන දිගටම විවේකයෙන් වැඩ ඉන්ට" කියලා පහසුකම් සලස්සා දුන්නා.

දවසක් කලාබු රජ්ජුරුවෝ තමන්ව සතුටු කරවන නැටුම් දක්වන ස්ත්‍රීන් පිරිවරාගෙන මහත් ආනුභාවයෙන් යුක්තව උයන් කෙළියට ගියා. එදා මේ රජ්ජුරුවෝ නාටක ස්ත්‍රීන් දක්වන නැටුම් බල බලා සුරාපානය කරන්ට පටන් ගත්තා. හොඳටෝම බිව්වා. තමන් ඉතාමත් ප්‍රියකරන ස්ත්‍රියකගේ ඔඩොක්කුවේ හිස තබාගෙනයි නැටුම් බල බලා සිටියේ. වෙරිමත වැඩිකමට ම මේ රජ්ජුරුවන්ගේ දෑස් පියවී නින්ද ගියා.

ස්ත්‍රීන් නැටුම් ගැයුම් දක්වද්දී දැන් රජ්ජුරුවෝ නිදි නොවැ. එතකොට ඒ ස්ත්‍රීන් මෙහෙම හිතුවා. 'අයියෝ... අපගේ දේවයන් වහන්සේට නින්ද ගොහින්. අපි දැන් කා වෙනුවෙන් නැටුම් දක්වන්ට ද! කා වෙනුවෙන් ගී ගයන්ට ද! කා වෙනුවෙන් වීණා වයන්ට ද! කියා වාද්‍ය භාණ්ඩත් එහෝම තියෙන්න ඇරියා. නැටුම් නැවැත්තුවා. ගැයුම් නැවැත්තුවා. උයන්සිරි නරඹන්ට පටන් ගත්තා. එදා බෝධිසත්වයෝ මේ කිසිවකට අවධානය යොමු කළේ නෑ. උයනේ කෙළවරක හොඳින් මල් පිපී ගිය විශාල සාලවෘක්ෂයක් තිබුනා. ඔය සල් රුක් සෙවනේ විවේක සුව විඳිමින් වාඩිවී සිටියා.

ඔය අවස්ථාවේ අර උයන්සිරි නරඹමින් ඇවිද ඇවිද ගිය නාටක ස්ත්‍රීන්ට බෝධිසත්වයන්ව දැකගන්ට ලැබුනා. "අනේ ආං... තාපසින්නාන්සේ නමක් වැඩ ඉන්නවා. අපගේ දේවයන් වහන්සේ අවදි වෙනතුරු අපි උන්නාන්සේ ළඟට ගොහින් බණ ටිකක් අහමු අනේ. අපට හැමදාමත් මෙවැනි වාසනාවක් ලැබෙන්නේ නෑ නොවැ" කියා බෝධිසත්වයන් ළඟට ගිහින් වන්දනා කොට වටේට වාඩිවුනා. "අනේ ස්වාමීනී, අපගේ යහපතට හේතුවන කිසියම් බණ ටිකක් කියාදෙන්ට. අපි බණ අසන්ට හරී ආසයි." එතකොට බෝධිසත්වයෝ ඒ නාටක ස්ත්‍රීන්ට බණ කියන්ට පටන් ගත්තා.

රජ්ජුරුවන්ගේ හිස ඇකයේ තබාගෙන ඉන්නා ස්ත්‍රියට බෝධිසත්වයන්ව වටකරගෙන බණ අසන ස්ත්‍රීන්ව ඈතට පෙනුනා. එතකොට මේ ස්ත්‍රියට ඒ ගැන ඉරිසියාවක් හටගත්තා. ඉතින් මේ ස්ත්‍රිය රජ්ජුරුවෝ අපහසුතාවට පත්වෙන විදිහට ඇඟ සොලොවා අවදි කෙරෙව්වා. රජ්ජුරුවෝ නැගිට්ටා. රතුවී ගිය දෑසින් යුතුව වටපිට බැලුවා. මේ ස්ත්‍රිය විතරයි ඉන්නේ. වෙන කවුරුත් පේන්ට නෑ. වාද්‍ය භාණ්ඩ දාපු දාපු අත. "කෝ... මේ වසලියෝ... කවුරුවත් නෑ නොවැ. මේකිලා කොහේ ගිහින් ද?"

"ආං... දේවයන් වහන්ස... අර... කිසි ගාණක් නැතිව එයාලා ගියා. මං කීවා යන්ට එපා කියලා. කෝ... මටත් ගස්සාගෙන ගියා. ගිහින් ආං අර ඈත... කොහේවත් යන තාපසයෙකුට වසඟවෙලා උන්දෑව වටකරගෙන සතුටු වෙවී ඉන්නවා... හහ්."

වෙරි මතින් සිටි කලාබු රජ්ජුරුවෝ මේ කීමත්

එක්කම ක්‍රෝධයෙන් ඇවිස්සී ගියා. එක්වරම නැගිට්ටා. කඩුව අතට ගත්තා. "හාහ්... මං... ඔය මායාකාර තවුසාට යස පාඩමක් උගන්වන්නම්" කියලා වේගයෙන් එතැනට ගියා. රජ්ජුරුවෝ එන ආකාරයෙන් ම ස්ත්‍රීන් කලබල වුනා. ඉක්මණින් නැගිට්ටා. ඉක්මණින් රජ්ජුරුවන්ව වටකරගත්තා. රජ්ජුරුවන්ගේ අතේ තිබ්බ කඩුව අරගත්තා. රජ්ජුරුවන්ගේ කෝපය සංසිඳවන්ට මහන්සි ගත්තා. එතකොට ආවේශයෙන් වගේ ආ කලාබු රජ්ජුරුවෝ බෝධිසත්වයෝ ඉදිරියේ හිටගත්තා. "හහ්... එම්බල ශ්‍රමණය, තමුසේ මොනවා ගැන ද බණ කියන්නේ?"

"මහරජ්ජුරුවෙනි, මං ඉවසීමේ අනුසස් ගැන බණ කියන කෙනෙක්."

"ම්... මොනවා ගැන ද ඉවසනවා කියන්නේ?"

"මහරජ්ජුරුවෙනි, කෝපයෙන් ක්‍රෝධයෙන් අනිත් අය සිටිද්දී, කවුරු හෝ තමන්ට නින්දා අපහාස ගැරහුම් කරද්දී, කාවුරුහරි තමන්ට පහර දෙද්දී තමන් පෙරලා කිසිවක් නොකොට නොකිපී ශාන්තව සිත පවත්වා ගැනීම ගැනයි මං කියන්නේ."

"ඕ... ඕ... එතකොට තමුසේ එහෙම එකෙක් ඒ? හරි... මං දැන් ම... ඔව්... දැන් ම බලාගන්නම් ඔය කියන ජාතියේ ඉවසීමක් තමුසෙට තියේද කියලා. කෝ... අර චෝර ඝාතකයාට වහාම මෙතැනට එන්ට කියාපං."

රාජ නියමයට අනුව එසැණින් ම පොරොවකුත් කටු තියෙන කසයකුත් අතට ගත්තු, රතුමල් මාලයක් දමාගත්තු, රතු වතක් හැඳගත්තු කෙනෙක් එතැනට ආවා. ඇවිත් කලාබු රජ්ජුරුවන්ට වන්දනා කළා.

"දේවයන් වහන්ස, මගෙන් මොනාද කෙරෙන්ට ඕනෑ?"

"මේකා හොරෙක්, තක්කඩි තාපසයෙක්. මේකාව ඇදලා බිම පෙරලාපං. ඊට පස්සේ හතර අතට පෙරලාගෙන ඔය කටුකසෙන් පහරවල් දෙදහසක් ගසාපන්."

ඒ කියූ සැණින්ම අර චෝර ඝාතකයා පැනපු ගමන් බෝධිසත්වයන් ජටාවෙන් ඇදලා බිම පෙරලුවා. කටු කසෙන් හතර අතට ගසාගෙන ගියා. බෝධිසත්වයන්ගේ සම කීතු කීතු ඉරී ගියා. මස් ඉරී ගියා. ලේ ධාරා වැගිරී ගියා. බෝධිසත්වයෝ කෙඳිරිලි හඬක්වත් නැතිව වේදනාවට මුහුණ දීගෙන සිටියා. "හහ්... හා... එම්බල තක්කඩි තාපසය... හා... දැන් කියාපන්... දැන් තෝ මොන වගේ දෙයක් කියන කෙනෙක් ද?"

"මහරජ්ජුරුවෙනි... මං තාමත් ඒ ඉවසීම ගැන බණ කියන තවුසා ම යි. මහරජ්ජුරුවෙනි, ඔබ සිතාගෙන ඉන්නේ මගේ මේ කැලිවලට ඉරී ගිය සම අතරේ මගේ ඉවසීම තියෙනවා කියල ද? නෑ... මගේ ඉවසීම මේ කීතුවෙලා ගිය සම අස්සේ ඔබතුමාට දකින්ට ලැබෙන්නේ නෑ. මහරජාණෙනි, මගේ හදවත ඇතුලේ කිසිම වෙනසක් නැතිව ඉවසීම පිහිටා තියෙනවා."

එතකොට රජ්ජුරුවෝ චෝරඝාතකයා දිහා බැලුවා.

"දේවයන් වහන්ස, මොකක්ද කෙරෙන්ට ඕනෑ?"

"හහ්... මේ තක්කඩි ජටිලයාගේ අත්දෙක ම කපාපන්."

එතකොට ඔහු පොරොව අරගෙන අත් කැපුවා. "හරි... දැන්... මුගේ කකුල් දෙකත් කපාපන්" එතකොට

ඔහු පොරොවෙන් කකුල් දෙකත් කෑලිවලට කපා දැම්මා. සිදුරු වෙච්චි කළ ගෙඩියකින් රතුපාට සායමක් විදිනවා වගේ ගොජ ගොජ ගා ලේ විදින්ට පටන් ගත්තා.

"හා... දැන් කොහොමෙයි තොට. දැන් කියාපිය බලන්ට. තෝ කියන්නේ මොන වගේ දෙයක් ද?"

බෝධිසත්වයෝ මනා සිහියෙන් යුක්තව, කිසිම කලබලයක් නැතිව ශාන්තව පිළිතුරු දුන්නා. "මහරජ්ජුරුවෙනි, මගේ ඉවසීම තියෙන්නේ මේ අත්පාවල කියලද ඔබ හිතා ඉන්නේ? නෑ මහරජ්ජුරුවෙනි, මේ අත්පාවල ඉවසීම නෑ.... මගේ ඉවසීම තියෙන්නේ ගැඹුරු තැනක."

"මේ... කපාපිය මේකාගේ කන් නාසා" කියලා කලාබු රජ්ජුරුවෝ කෑගැසුවා. එතකොට අනිකා කන් නාසා කැපුවා. බෝධිසත්වයන්ගේ මුළු ශරීරය ම එකම ලේ විලක් වුනා.

"හහ්... හා... දැන් කියාපිය... දැන් මොකක්ද තෝ කියන්නේ?"

"මහරජ්ජුරුවෙනි... මගේ ඉවසීම තියෙන්නේ කන් නාසාවල කියලා නම් ඔබට සිතුනේ ඒක වැරදීමක්. මගේ හදවතේ ගැඹුරු ම තැන ඒ සොඳුරු ඉවසීම තැන්පත්ව තියෙනවා."

"එම්බල තක්කඩි ජටිලයෝ... තොගේ ඔය මනස්ගාත ඉවසීම තෝ ම ඔසොවා තියාගෙන වාඩිවෙයං" කියලා කලාබු රජ්ජුරුවෝ බෝධිසත්වයන්ගේ පපුවට පයින් පහර දී එතනින් නික්ම ගියා.

රජ්ජුරුවෝ එතැනින් පිටත්ව ගිය සැණින්

සේනාපති දුවගෙන ආවා. හඬ හඬා තමන්ගේ සළුවෙන් බෝධිසත්වයන්ගේ ශරීරයේ ලේ පිසදැම්මා. ඒ සළුව බිම එළා කපා දමන ලද අත්, පා, කන්, නාසා කොට ඒ මත තැන්පත් කළා. බෝධිසත්වයෝ සෙන්පතිතුමා දෙස බලා සිටියා. සෙන්පතිතුමා බෝධිසත්වයන් ඉදිරියේ දෑත නළලේ තබා වැඳගෙන හඬ හඬා මෙහෙම කිව්වා. "අනේ මගේ රත්තරන් ස්වාමීනී, තමුන්නාන්සේගේ ඔය උතුම් හදවතේ බැරිවෙලාවත් තරහක් ඇති වුනොත් මේ අපරාධය කළ රජ්ජුරුවෝ ගැන විතරක් ඇති කරගන්ට. වෙන කාගැනවත් තරහක් ගන්ට එපා මයෙ දෙයියෝ... ඉහි... ඉහි...." කියමින් මේ පළමු ගාථාව පැවසුවා.

(1). අනේ මහා වීරිය ඇති -
මගෙ පින්වත් තවුසාණෙනි
ඔබේ උතුම් හද ගැබේ -
තරහ සිතක් ඇතිවුනොත්
යමෙක් ඔබේ අත් පා කන් -
නාසා සිඳ දැම්මේ නම්
ඔහු ගැන පමණක් වේවා -
විපතක් මේ රටට නම් නොවේවා

සෙන්පතියාගේ මේ වචනය ඇසූ බෝධිසත්වයෝ මේ පිළිතුරු ගාථාව පැවසුවා.

(2). මගෙ අත්පා කන් නාසා -
කපා දැමූ යමෙක් වෙයි ද
ඒ කලාබු රජ්ජුරුවෝ -
ජීවත් වේවා බොහෝ කල් සුවසේ
ඉවසීම ම ධර්මය වූ -
මා වැන්නෝ ලොව කිසිදා

මෙවැනි කිසිම දෙයක් නිසා -
කිසි තරහක් නොගන්නෝ ය

රජ්ජුරුවෝ මහා ජයග්‍රාහී ලීලාවෙන් යද්දී බෝධිසත්වයන්ගේ ඇස් සීමාව නොපෙනී ගියා විතරයි, මේ යොදුන් දෙලක්ෂ හතළිස් දහසකට වැඩි ඝනකඩ මහා බොල් පෘථිවිය තලප තැවරුනු සළුවක් මැදින් ඉරෙනවා වගේ පැලී ගියා. අවීචි මහා නරකයෙන් ගිනි ජාලා මතුවී ආවා. කුලපරපුරෙන් ආ රත් කම්බිලියකින් පෙරවී යනවා වගේ කලාබු රජ්ජුරුවන්ව ගිනි ජාලාවෙන් වෙලී ගියා. ඒ උයන් දොරටුව ළඟදීම පොළොවේ ඇතුලට ගියා. අවීචිමහා නිරයේ උපන්නා. බෝධිසත්වයෝ එදා ම මරණයට පත් වුනා.

මෙය වදාළ අපගේ භාග්‍යවතුන් වහන්සේ මේ ගාථා දෙක වදාළා.

(3). **ඉවසීම ම ධර්මය කොට -**
එහි ඇති ගුණ ඉස්මතු කොට
කතා කරපු ශ්‍රමණයෙක් ය -
අතීතයේ ඒ සිටියේ
ඉතා හොඳින් ඉවසීමෙහි පිහිටා සිටි -
ඔහුව කැබලි කොට කැපුවේ කලාබු රාජා

(4). **ඒ බිහිසුනු පව්කම කොට කලාබු රාජා**
විපාකයත් ඉතා ම බිහිසුනු ලෙස ලැබුවේ
අවීචි මහ නිරා දුකට ඔහු ඇද වැටුනේ
ඉතා භයානක අයුරින් එහි දුක් වින්දේ

භාග්‍යවතුන් වහන්සේ මේ ජාතකය වදාරා මෙලෙසින් බිහිසුනු සසරක යන්ට වීමේ ඇති දොස්

දක්වමින් චතුරාර්ය සත්‍ය ධර්මය වදාළා. ඒ ධර්ම දේශනාව අවසානයේ ක්‍රෝධ සිතින් පසුවූ භික්ෂුව ඒ ක්‍රෝධය නසා අනාගාමී ඵලයට පත් වුනා. තවත් බොහෝ භික්ෂූන් මහත් සංවේගයෙන් සසර නොඇල්ම ඇති කරගත් නිසා එතැනදී ම සෝවාන් ආදී මාර්ග ඵලයන්ට පත් වුනා.

"මහණෙනි, එදා කලාබු රජුව සිටියේ දේවදත්ත. සේනාපතිව සිටියේ අපගේ සාරිපුත්ත. ක්ෂාන්තිවාදී තාපස වෙලා සිටියේ මම" යි කියා භාග්‍යවතුන් වහන්සේ මේ ජාතකය නිමවා වදාළා.

04. ලෝහකුම්භි ජාතකය

ලෝදිය හැලියේ කතාව

පින්වතුනේ, පින්වත් දරුවනේ,

ගොඩාක් අය සිතා ඉන්නේ නිරය කියන්නේ හිතේ හදාගත් මනස්ගාත බොරු සංකල්පයක් කියලයි. ඒක ඔවුන් තුළ ඇති බරපතල වැරදි අදහසක්. සත්වයන්ගේ පාප කර්මයන්ට විපාක වශයෙන් උපත ලබන තැනකටයි නිරය කියා කියන්නේ. දෙමාපියන්ට, ගුරුවරුන්ට, වැඩිහිටියන්ට, සිල්වතුන්ට ගුණවතුන්ට හිංසා කරන්නෝ, සල්ලාල ජීවිත ගත කරන්නෝ, දුසිල්ව වාසය කරන්නෝ, දරුණු පව් කරන්නෝ නිරයේ තමයි උපදින්නේ. මෙයත් එබඳු කතාවක්.

ඒ දිනවල අපගේ ශාස්තෘන් වහන්සේ වැඩ වාසය කළේ සැවැත්නුවර ජේතවනයේ. ඔය කාලේ දවසක් කොසොල් රජ්ජුරුවෝ සැවැත්නුවර වීථි සංචාරය කරමින් සිටියා. හස්තිරාජයාගේ පිට මහත් රාජානුභාවයෙන් ගමන් කරන තමුන්නේ රජ්ජුරුවන්ව දකින්ට ඒ කාලේ කව්රුත් ඉතා ආසයි. මහජනයා මග දෙපස බලා ඉන්නවා. සමහරු සඳළුතලයේ සිට බලා ඉන්නවා. සමහරු ජනේලවලින් බලා ඉන්නවා. ඔය අතරේ දෙවඟනක් වගේ සුරුපී ළඳක් ජනේලයෙන් සිනහවෙවී බලා සිටියා. ඇතා පිටේ යමින්

රාජානුභාවෙන් වටපිට බලමින් යන කෝසල රාජාගේ නෙතට අර ළඳගේ මනස්කාන්ත රුව දකින්ට ලැබුනා. එය දුටු මොහොතේ සිට මේ රජු රාගයෙන් දැවී ගියා. ඈ ගැන සොයා බලද්දී ඈ සස්වාමික ළඳක් බව දැනගත්තා. එතකොට රජ්ජුරුවෝ අපූරු සැලැස්මක් දියත් කළා. රජ්ජුරුවෝ ඇගේ ස්වාමියාව ඔහු අකැමැත්තෙන් සිටියදී ම රාජසේවයට බඳවා ගත්තා. ඒ ඔහුව වරදකට හසුකොට දඬුවමක් ලෙස මරා දමා අර කාන්තාව අස්වාමික කොට අන්තඃපුරයට ගෙන්නා ගැනීම ඒ සැලැස්ම යි.

දවසක් රජ්ජුරුවෝ ඔහුට අමාරු වැඩකට නියෝග යක් දුන්නා. එදා ම උදේ හිමාලයට ගොහින් අරුණුවන් මැටියි කඩුපුල් මලුයි රැගෙන ආ යුතුයි. එතකොට රජ්ජුරුවෝ එදා සවස ඒ මැටි ගා ස්නානය කොට කඩුපුල් මල් පැළඳ ගන්ට ඕනෑ ය කිව්වා. මේ නියෝගය ඉෂ්ට කරන්ට බැරි වුනොත් ඔහුගේ හිස ගසා දමනවා ය කියාත් කිව්වා.

එතකොට මේ අසරණ මිනිසා මහත් සේ කම්පාවෙන් නිවසට ගොස් බිරිඳ ලවා ලිපේ බාගෙට ඉදෙමින් තිබූ බත්වලින් බත්මුලකුත් බැඳගෙන රජ්ජුරුවෝ ඉල්ලූ දේ සොයාගෙන එන්ට හිමාලය දෙසට දිව්වා. දවල් වුනා. එතකොට ගඟක් අසලට ගොසින් බත්මුලෙන් භාගයක් අනුභව කොට ඉතිරි භාගය ගංගාවේ මාළුන්ට දානයක් හැටියට දුන්නා. දීලා ඒ පින නදී දේවතාවුන්ට අනුමෝදන් කළා. මෙහෙමත් කිව්වා.

"අනේ මං මහා කරදරේක වැටිලා ඉන්නේ. රජ්ජුරුවෝ මට නියෝග කළා අද සවස් වෙන්ට කලියෙං අරණුවන් මැටියි කඩුපුල් මලුයි ඇන්න එන්ට

ය කියා. අනේ ඕවා කොහේ ඇත් ද කියා මං දන්නෑ. නදී දේවතාවුන් වහන්ස, මං දැන් තමුන්නාන්සේගේ මේ ගංගාවේ වසන මාළුන්ට දානයක් පූජා කොරගත්තා. මං ඒ පින තමුන්නාන්සේට අනුමෝදන් කරනවා. අනේ මට පිහිට වෙන්ට" කියා ආයෙමත් හිමාලය පැත්තට දුවන්ට සූදානම් වුනා.

එදා මේ අසරණයා දුන් පින ගැන නදී දේවතාවෝ පැහැදුනා. පැහැදිලා හිටං වයසක සීයා කෙනෙකුගේ වේශයෙන් ඔහු වෙත ඇවිත් ඔහු හා කතාබස් කොට ඔහුට අරණුවන් මැටියි, කඩුපුල් මලුයි ලබා දුන්නා. එතකොට ඔහු ඒවාත් රැගෙන වේගයෙන් සැවැත්නුවරට දුවගෙන ආවා. එද්දී ම නගරයේ දොරටු වහනවා දැක්කා. ඔහු කෑගැසුවා රාජනියෝගයෙන් මං ආවේ, දොර වහන්ට එපා ය කියා. නමුත් රජ්ජුරුවෝ දොරටුපාලයාට අණ දීලා තිබුනේ ඔහු එන්ට කලිං දොරටු වහන්ට කියලා. අසරණයා තමන් ගෙනා අරුණුවන් මැටියි, කඩුපුල් මලුයි දොරටුව ළඟ තබා දැන් ඉතින් තමාට වෙනත් පිහිටක් නැතැ කියා එදා ජේතවනායට ගියා. එදා රෑ මොහු ජේතවනයේ නැවතුනා.

දැන් කෝසල රාජා තමන්ගේ ගොදුර ඩැහැග න්න අදසින් මහත් ප්‍රීතියෙන් පසුවුනා. රජ්ජුරුවන්ට එදා රෑ නින්ද ගියේ නෑ. සිරි යහනේ එහාට මෙහාට පෙරලි පෙරලී සිහින මවමින් සිටිද්දී එක්වරම මහා භයානක දෙදරුම් හඬකින් මුළු යහන් ගබඩාව ම වෙව්ලුවාගෙන "දු... ස... න... සෝ..." යන අකුරු සතර වෙනස් වෙනස් ශබ්දවලින් ඇහුනා. රජ්ජුරුවෝ භීතියෙන් වෙව්ලා ගියා. ඇඟ සලිතව මරණ භය හටගත්තා. පෙර සැලසුම් සුනු විසුනු වෙලා ගියා. දැන් සිතේ වැඩ කරන්නේ මට මේ

මොකක්ද වෙන්ට යන්නේ යන අදහසයි. පසුවදා උදෑසන ම රජ්ජුරුවන්ට සෙත් පතන බ්‍රාහ්මණවරු ආවා.

"ආරෝග්‍යමස්තු - සුහමස්තු මහාරාජ, සුවසේ සැතපුනු සේක් ද?"

"අනේ මොන සුවයක් ද ආචාර්යපාදයෙනි, ඊයේ රෑ මට මහා භයානක වූ වෙනස් වෙනස් හඬවල්වලින් විලාප ස්වරයෙකින් දු, ස, න, සෝ යන සතර අක්ෂරය ඇසුනා. හප්පෝ... එහෙම බිහිසුනු හඬක්... මුළු සිරියහන් ගබඩාව ම වෙව්ලා ගියා නොවැ."

එතකොට බ්‍රාහ්මණවරු නළල රැළි කරගත්තා. දෑස් ලොකු කරගත්තා. කරේ පැළඳ සිටි ඇට මාලා අත ගෑවා. උඩු රැවුල් අතින් පිරිමැද ගත්තා.

"ඇයි... ඇයි... ආචාර්යපාදයෙනි?"

"මහාරාජයෙනි... ඔය භයානක ශබ්දය ඇසුනු වෙලාවට නැකැත් තරු පිහිටා තිබිලා තියෙන හැටියට නම් තමුන්නාන්සේට අතිබිහිසුණු ඒරාෂ්ටකයක් බලපා තියෙනවා. තමුන්නාන්සේගේ ජීවිතයටත්, මේ මහා කෝසල රාජ්‍යයටත් අන්තරායක්! ෂෝහ්...."

"එතකොට ආචාර්යපාදයෙනි, ඔය ඒරාෂ්ටකයෙන් බේරෙන්ට පිළියමක් ඇත්තේ ම නැද්ද?"

"මේකනේ මහාරාජය... දැනට මේ ජ්‍යෝතිෂ සෑස්තරේට අනුව බලද්දී පිළියමක් නැති ගානයි. නමුත් වේද සෑස්තරේට අනුව මේකට පිළියමක් ඇති බව පෙන්නුම් කොරනවා."

"හප්පා... යාන්තං ඇති... මොකක්ද ඒ පිළියම?"

"මහාරාජය... ඔය භයානක ඒරාෂ්ටකය එසේ මෙසේ එකක් නොවෙයි. ඒ නිසා ඒකේ හැටියට සෑහෙන්ට ටිකක් බරපතලෙට පූජාව කරන්ට වේවි."

"ආචාර්යපාදයෙනි, රජෙක් හිටියොත් නොවැ රටක් තියෙන්නේ. කියන ඕනෑම දෙයක් කරන්ට මං ලේස්තියි."

"මහාරාජය... ඕකට සියලු වර්ගයේ සතුන් සතර බැගින් ගෙන සර්වචතුෂ්ක නමින් මහා බිලි පූජාවක් කරලා හිටං අපල දෙන දේවතාවුන්ව සංතෝෂ කොරන්ට ඕනෑ."

"හරි හරි... වේලාව ගන්ට බෑ. එහෙනම් දැන් ම පටන් ගනිමු."

එතකොට බ්‍රාහ්මණවරු යාගය වෙනුවෙන් සතුන් රැස්කරන්ට ඒ සතුන්ව යාග කණුවල බඳින්ට යි, ඒවාට අවශ්‍ය අනෙකුත් අඩුවැඩියයි එකතුකරද්දී රාජාංගනේ එකම ඝෝෂාවක් හටගත්තා. මල්ලිකා දේවී කොසොල් රජ්ජුරුවන්ගෙන් මේ මහාඝෝෂාව ගැන විමසුවා.

"දේවයිනි... ඇයි දේවයිනි... රාජාංගනයේ අර සතුන් රැස්කරමින් මහා ඝෝෂාවක්!"

"හා... ඔහේට මහා ඝෝෂාවක් ඒ? ඔහේ දන්නේ නැති හැටි හැබෑට. මගේ කන ළඟට ම මහා භයානක විෂඝෝර නාගයෙක් ඇවිදින් පෙනේ කොරාන බලාන ඉන්නැද්දී මේං... මහා ලොකු අගමෙහෙසී අහන කතාව."

"අනේ... දේවයිනි... මොකක්ද උනේ!"

"මොකක්ද උනේ... ඕං අසාගනිං එහෙනම්... මං

ඊයේ රාත්තිරී සිරි යහනේ සැතපී සිටියා. එකපාරටම මුළු යහන් ගබඩාව වෙව්ලුම් කාගෙන වෙනස් වෙනස් හඬින් මහා ශෝකාකූල වැලපීම් ස්වරයෙන් 'දු, ස, න, සෝ' කියලා ඇහුනා නොවැ. මේ... මේං බලාපන්... මයෙ ඇඟේ හිරිගඬු පිපී මවිල් කෙලින් වෙන හැටි. හප්පා... මට තාමත් මොකදෝ වාගේ.

අපේ ආචාර්යපාදයෝ තමයි දිවැසින් වගේ දැක්කේ. මගේ ග්‍රහචාරේ අන්තිමට ම නරකයි ලු. භයානක ඒරාෂ්ටකයක් ලු. ඒකටයි ඔය බිලි පූජාව ලේසිති කොරන්නේ."

"අනේ දේවයෙනි... මයෙ අදහස නං ඔයිට ටිකාක් වෙනස්. ඕක මහා භයානක දෙයක් නිසා ලෝකයේ සියලු රහස් දන්නා ලෝකවිදූ වූ අපගේ භාග්‍යවතුන් වහන්සේගෙනුත් අසා බැලුවොත් හොඳය කියලයි මට සිතෙන්නේ. භාග්‍යවතුන් වහන්සේ නං ඕකට නොවැරදීම විසඳුමක් දෙන බව මට විශ්වාසයි."

"ඕ... ඒකත් හරි තමා. එහෙනම් මං හීල වළඳලා උන්නාන්සේව බැහැ දකින්ට යන්ට ඕනෑ. කොහෙන් හරි මේකට ගන්ට එපායැ විසඳුමක්!"

ඉතින් කොසොල් රජ්ජුරුවෝ භාග්‍යවතුන් වහන්සේව බැහැදකින්ට ජේතවනයට ගියා. ගිහින් වන්දනා කොට පසෙකින් වාඩි වුනා. අර අසරණ මිනිසාත් භාග්‍යවතුන් වහන්සේ පෙනෙන මායිමේ වාඩිවුනා. කොසොල් රජ්ජුරුවෝ ඊයේ රෑ තමන්ට සිදු වූ ඇබැද්දියත්, බ්‍රාහ්මණයන් එයට දුන් විසඳුමත් කියා සිටියා. භාග්‍යවතුන් වහන්සේ මෙය වදාළා.

"මහාරාජය, ඔබතුමාට ඔය ශබ්දේ ඇසෙන්ට කලියෙං ඉස්සර සිටිය රජෙකුටත් ඕකම ඇසුනා. එතකොට ඒ රජ්ජුරුවොත් ඔබතුමා වගේම බමුණන්ගේ කීමට සර්ව චතුෂ්ක කියන මහායාගයක් සූදානම් කරන්ට පටන් ගත්තා. එතකොට නුවණැතියන්ට මේ ගැන දැන ගන්ට ලැබුනා. දැනගන්ට ලැබී ඒ ප්‍රශ්නෙට මැදිහත්ව ඉතා යහපත් අයුරින් විසඳා දුන්නා."

"අනේ ස්වාමීනී, භාග්‍යවතුන් වහන්ස, එදා ඒ රාජයා විසඳුම ගත්තේ කොහොමදැයි කියා මටත් වදාරණ සේක්වා" කියා කොසොල් රජ්ජුරුවෝ භාග්‍යවතුන් වහන්සේගෙන් ඉල්ලා සිටියා. භාග්‍යවතුන් වහන්සේ මේ අතීත කතාව ගෙනහැර දක්වා වදාළා.

"මහරාජය, ගොඩාක් ඉස්සර කාලෙක බරණැස්පුරේ බ්‍රහ්මදත්ත නමින් රජ්ජුරු කෙනෙක් රාජ්‍ය විචාරමින් සිටියා. ඔය කාලේ මහාබෝධිසත්වයෝ කාශී ගමේ එක්තරා බ්‍රාහ්මණ පවුලක උපන්නා. වියපත් වුනාට පස්සේ ගිහි ජීවිතයකට නොබැඳී හිමාලයට ගොහින් සෘෂි පැවිද්දෙන් පැවිදි වෙලා ධ්‍යාන අභිඥා සමාපත්ති උපදවාගෙන රම්‍ය වූ වනගත පෙදෙසක වූ කුටියක වාසය කළා.

ඔය කාලෙම බරණැස් රජ්ජුරුවෝ රාත්‍රියේ සිරි යහන් ගබඩාවේ නිදා සිටිද්දී ඉතා භයානක ස්වරයෙන් වෙන් වෙන්ව කෑ ගැසූ මේ 'දු, ස, න, සො' යන අක්ෂර සතර ඇසුනා. රජ්ජුරුවෝ මහත්සේ භීතියට සන්ත්‍රාසයට පත්වුනා. පුරෝහිත බ්‍රාහ්මණයන් කියා හිටියේ ඒරාෂ්ටකයක් බලපා තියෙනවා ය, ඒ බලේ නැති කරන්ට සර්ව චතුෂ්ක යාගයක් අනිවාර්යයෙන් ම කරන්ට ඕනෑ ය කියලයි.

බෝධිසත්වයෝ සියලු සත්වයන් කෙරෙහි මෛත්‍රීසිත පතුරුවාගෙන දිවැසින් ලෝකය දෙස බලද්දී මහත් සත්ව සංඛ්‍යාවක් බිලිපූජාවක් වෙනුවෙන් යාග කණුවල බඳිමින් සිටින ආකාරය දැකගන්ට ලැබුනා. 'හප්පේ... මේ මිනිස්සු මිසදිටුව නිසා බොහෝ පව් කරගන්නවා. මං අද මිනිස් පියසට ගියොත් මිනිස්සුන්ට යහපතක් වේවි' කියා සිතා හිමාලයෙන් අහසට පැන නැගී බරණැස උයනට පැමිණියා. පැමිණිලා මඟුල් ගල්තලාව මත රන්රුවක් සේ වැඩ හිටියා.

ඔය අතරේ රාජ පුරෝහිතයාගේ ප්‍රධාන ශිෂ්‍යයා ආචාර්යපාදයන් ළඟට ගිහින් මෙහෙම ඇසුවා. "භවත් ආචාර්යපාදයෙනි, මහා සත්ව සමූහයක් බිලි දීමෙන් යහපතක් උපදවන්ට පුළුවනිය යන කාරණාව අපේ වේදයේ සඳහන්ව නැහැ නේද?"

"ඕ... හෝ... දැන් ඔහේ මහා කාරණාකාරයෙක් වෙලා ඒ? දන්නේ නැද්ද මිනිහෝ... ඔහේ රජ්ජුරුවන්ගේ ධනය පරෙස්සම් කොරන්ට සිතුවා ද! ඔවැනි යාගයකින් තමා අපේ අතට ගානක් එන්නේ. ඇති තරම් මස් ලැබෙනවා. පූජා භාණ්ඩ ලැබෙනවා. ඒ නිසා නිශ්ශබ්දව හිටහං"

එතකොට ඒ ප්‍රධාන ශිෂ්‍යයා 'මං නං ඔය භයානක වැඩේට සහභාගී වෙන්නේ නැතැ'යි සිතා රාජාංගනයෙන් නික්ම උයනට ගියා. උයනේදී බෝධිසත්වයන්ව දැක්කා. දැකලා මහත් සතුටින් ළඟට ගිහින් වන්දනා කොට වාඩි වී පිළිසඳර කතාබහේ යෙදුනා.

"ඉතින් තරුණය, කොහොමද ඔබගේ රජ්ජුරුවෝ ධාර්මිකව රාජ්‍යපාලනයේ යෙදෙනවා ද?"

"අනේ ස්වාමීනී, අපට නම් ඒ හැටි කියන්ට වරදක් නෑ. නමුත් ඊයේ රාත්‍රී භයානක ශබ්දයක් රජ්ජුරුවෝ නිදා සිටිද්දී ඇසී තියෙනවාලු. ඒකට අපගේ ආචාර්යපුරෝහිතයන්ගෙන් ඇසූ වෙලාවේ අපේ ආචාර්යපාදයෝ කියා තියෙන්නේ සර්වචතුෂ්ක යාගයක් කරන්ට කියලයි. ඕං දැන් යාගයට සූදානම් වෙනවා. සත්තු විලාප දෙනවා. මහා සත්ව ඝාතනයක් කරලා නොවැ රජ්ජුරුවෝ ශාන්තිය උදාකරගන්ට සිතා ඉන්නේ.

ඉතින් ස්වාමීනී, තමුන්නාන්සේ වගේ උත්තමයෙක් ඔය රාත්තිරි ඇසුනු ශබ්දය ගැන ඇත්ත කරුණු කාරණා මතු කොට දුන්නෝතින් නම් අසරණ සත්තුන්ටත් මරණෙන් බේරෙන්ට ලැබේවි. රජ්ජුරුවන්ටත් මේ භයානක පවින් වළකින්ට ලැබේවි."

"නමුත් පින්වත, අපි රජ්ජුරුවන්ව හඳුනන්නේ නෑ නොවැ. අනික රජ්ජුරුවොත් මාව දන්නේ නෑ. හැබැයි රජ්ජුරුවෝ අපට විස්තරේ කීවොත් නම් අපට ඕකේ ඇත්ත නැත්ත තේරුම් කරලා දෙන්ට බැරිකොමක් නෑ."

"අනේ ස්වාමීනී... මොනතරම් දෙයක් ද! අනේ එහෙනං මොහොතක් ඔහෝම වැඩ ඉන්ට. මං අපේ රජ්ජුරුවන්ව එක්කරගෙන එන්නං."

බෝධිසත්වයෝ ඒ අදහසට එකඟ වුනා. ඊට පස්සේ ඒ තරුණ පුරෝහිත බ්‍රාහ්මණයා ඉක්මණින්ම ගිහින් රජ්ජුරුවෝ මුණගැසී හිමාලයෙන් වැඩමකරපු ආනුභාවසම්පන්න තාපසයෙක් ඉන්නවා ය, ඔහු මුණ ගැසුනොත් ප්‍රශ්නයට හොඳ විසඳුමක් ලබාගන්ට පුළුවනි කියා කැමති කරවාගෙන රජ්ජුරුවන්ව උයනට එක්කරගෙන ආවා.

රජ්ජුරුවෝ බෝධිසත්වයන්ට වන්දනා කොට තමන්ට ඇසුනු ශබ්දය ගැන විස්තරය පවසා සිටියා. එතකොට බෝධිසත්වයෝ මෙහෙම කිව්වා. "මහරජ්ජුරුවෙනි, ඔය ශබ්දයත් සමග ඔබතුමාගේ ඒරාෂ්ටකයක කිසිම සම්බන්ධයක් නෑ. මේ රටටත් සම්බන්ධයක් නෑ. මැරිලා නිරයේ උපන්න පුද්ගලයන් සතරදෙනෙක් ගැනයි මේකෙන් කියවෙන්නේ.

මහරජ්ජුරුවෙනි, මහාධනවත් සිටුවරු සතරදෙනෙක් මේ දඹදිව සිටියා. ඔවුන් තමන් සන්තක ධනය අයුතු විදිහට යෙදෙව්වා. ඔවුන් සුරාපානයට ඇබ්බැහිව සිටියා. ස්ත්‍රී සොඬුන්ව සිටියා. අන්ත දුසිල් ජීවිතයක් ගත කළා. ඔවුන් මැරී ගිහින් ලෝ කුඹු නරකයේ උපන්නා. ඒ අපායේ ලෝදිය හැලියේ ඔවුන්ගේ ශරීරයන් තියෙන්නේ පෙණගොඩවල් වගේ. ඒ ලෝදියේ පැහි පැහී උඩට එනවා, යටට යනවා. පැහි පැහී යට බහින්ට අවුරුදු තිස්දාහක් යනවා. උඩට එන්ට තව අවුරුදු තිස්දාහක් යනවා. ඔවුන් උඩට ඇවිත් එකිනෙකාව හඳුනා ගත්තා. තම තමන්ගේ දුක කියාගන්ට හිතලා කියන්ට ලැබුනේ එක අකුරයි. ඔවුන් යටට ගියා.

ඉස්සෙල්ලාම ඔබට ඇසුනේ 'දු' යන්න නොවැ. ඔහු කියන්ට හැදුවේ මේං මේ ගාථාව.

(1). **දු**ස්සීල ජීවිත ගෙව්වා අහෝ අපි
මුනිවරුනගේ බස ඇසුවේ නැනෙ අපි
තිබුනු ධනය අධර්මයේ යෙදුව අපි
අයියෝ කිසිම පිහිටක් නොලැබුවා අපි

ඉතිං මහරජුනේ, ඔහු සිතාගෙන සිටියේ ඔය කතාව කියන්ටයි. ඔහුට කියන්ට පුළුවන් වුනේ 'දු' යන්න

විතරයි. අනිත් නිරිසතා තමන්ගේ අදහස කියන අදහසින් 'ස' යන්නෙන් පටන් ගත්තා. එච්චරයි කියන්ට ලැබුනේ. ඔහු යට ගියා. නමුත් ඔහු කියන්ට සිතා සිටියේ මෙයයි.

(2). **සම්**පූර්ණ වුනා නොවැ ගෙවනා දුකට
සැට දහසක ආයු කාලය විඳි දුකට
අයියෝ තවම අපි විඳිනා මේ දුකට
අවසානයක් කවදා ලැබෙයි දෝ අපට

ඊළඟ නිරිසතාට කියන්ට ඕනෑ කළ අදහස කියන්ට පටන් ගත්තා විතරයි 'න' යන්න කියනකොට ම යට ගියා. ඔහු සිතා සිටියේ මෙය කියන්ටයි.

(3). **න**වත්වා ගන්ට බෑ විඳිනා දුක අපට
කවදා නිමා වේදැයි කිව නොහැක මට
තොපත් මාත් කරගත්තා පව් යසට
අයියෝ එනිසාය ඇත්තේ දුක අපට

අනිත් නිරිසතා තමන් සිතාගත් දේ කියන අදහසින් 'සො' යන්න පටන් ගන්නකොටම යට ගියා. නමුත් ඔහුට කියන්ට ඕනෑ වුනේ මෙයයි.

(4). **සෝ**ක දුක් විඳින මෙය අවසන් වූ කලට
ලැබුනොත් මිනිස් දිවියක් නම් යළි අපට
දන් දෙමි සිල් රකිමි බණ අසනෙමි සොඳට
කරගන්නවා ම යි පිංකම් මම යසට

මේ ගාථාවන් පැවසූ බෝධිසත්වයෝ මෙහෙම කිව්වා. "රජ්ජුරුවෙනි, ඒ නිසා ඔබ භය ගන්ට කාරි නෑ. අනේ අර අසරණ සතුන්ව නිදහස් කරන්ට. මේකට ග්‍රහචාරයක් හෝ, නැකතක් හෝ ඒරාෂ්ටකයක්

හෝ කිසිම සම්බන්ධයක් නෑ. ඔබතුමා දැහැමිව පින් රැස්කරගන්ට" කියා අනුශාසනා කළා.

මෙය වදාළ භාග්‍යවතුන් වහන්සේ මෙසේ වදාළා. "මහරජ්ජුරුවෙනි, එදා තරුණ පුරෝහිත බ්‍රාහ්මණයා වෙලා සිටියේ අපගේ සාරිපුත්තයෝ. රජ්ජුරුවන්ව පාපයෙන් බේරාගත් තවුසාව සිටියේ මම" යි කියා භාග්‍යවතුන් වහන්සේ මේ ජාතකය නිමවා වදාළා.

05. මංස ජාතකය

පිනැතියාට ම මස් ලැබුණු කතාව

පින්වතුනේ, පින්වත් දරුවනේ,

ලෝකයේ එක් එක්කෙනා විවිධාකාරයෙන් පින්කම් කොට තියෙන නිසා හැමෝටම එකම ආකාරයට විපාක ලැබෙන්නේ නෑ. සමහර අයට ප්‍රත්‍යපහසුකම් යහමින් ලැබෙනවා. ප්‍රණීතව කන්ට බොන්ට ලැබෙනවා. ගිලන් වූ විටත් සප්පාය භෝජන ලැබෙනවා. සමහරුන්ට නෑ. මේ කතාවෙන් කියැවෙන්නේ අපගේ ධර්මසේනාධිපතීන් වහන්සේ තමන්වහන්සේගේ පුණ්‍යමහිමයෙන් ගිලන් භික්ෂූන්ට මස්රස මුසු දානයක් ලබාදීම ගැනයි.

ඒ දිනවල අපගේ භාග්‍යවතුන් වහන්සේ වැඩ වාසය කොට වදාළේ සැවැත්නුවර ජේතවනයේ. ඔය කාලේ ජේතවනයේ වැඩහුන් භික්ෂූන් වහන්සේලා පිරිසක් එක්තරා මෘදු විරේකයක් වළඳා තිබුනා. ඒ කාලේ විරේක බෙහෙත් වැළඳූ විට එයට ගැලපෙන ආහාරපාන වර්ගත් නියම කරනවා. විරේක බෙහෙත් දුන් අය කීවේ ඒ භික්ෂූන් වහන්සේලාට මස් ව්‍යංජනයක් සමග බත් වැළඳීම හොඳය කියලයි. ඉතින් ගිලන් උපස්ථාන කරන භික්ෂූන් වහන්සේලා මස්රසයෙන් යුතු දානයක් රැගෙන ඒමේ අදහසින් සැවැත්නුවර බත්ව්‍යංජන ආදිය වෙළඳාම් කරන වීදියේ පිඬු සිඟා වැඩියා. උන්වහන්සේලාට දන්

ලැබුනත් අසනීපයට උවමනා ආකාරයේ දෙයක් ලැබුනේ නෑ. ඒ නිසා ඒ ගැන කුමක්ද කරන්නේ යන අදහසින් උන්වහන්සේලා නැවතී සිටියා.

ඔය අතරේ අපගේ මහා පින්වත් ධර්මසේනාධිපතීන් වහන්සේට අර භික්ෂු පිරිස මුණ ගැසුනා.

"ඇයි මේ සඟපිරිස වේලපහින් ම ඇවිත් මේ නැවතී ඉන්නේ?"

"අනේ ස්වාමීනී, අපේ ගිලන් භික්ෂූන් වහන්සේලාට මස් රසමුසු දානයක ඕනෑකමටයි අපි මේ වේලපහින් ආවේ. නමුත් අපට ආ කාරණාව ඉෂ්ට කරගන්ට බැරි වුනා"

"එතකොට ඔය සඟපිරිස බත්වෑංජන වීදියෙත් වැඩියාද?"

"එහෙමයි, නමුත් කාරණාව ඉෂ්ට වුනේ නෑ"

"හා... ඒකට කමක් නෑ. එහෙනම් දැන් මාත් එක්ක වඩින්ට. අපි යමු බත්වෑංජන වීදියේ ම" කියා අපගේ සාරිපුත්තයන් වහන්සේ අර භික්ෂූන් වහන්සේලාත් රැගෙන නැවතත් ඒ වීදියට ම පිඬු සිඟා වැඩියා. එතකොට මිනිස්සු තුළ මහා උනන්දුවක් ඇති වුනේ. "ආං... අපගේ ධර්මසේනාධිපතීන් වහන්සේ වඩිනවා" කියලා මස්රසයෙන් යුතු දානය පාත්‍රා පුරව පුරවා බෙදුවා. භික්ෂූන් වහන්සේලා ඒ පිණ්ඩපාතදානය ගෙන ගොස් ගිලන් භික්ෂූන් වහන්සේලාට උපස්ථාන කළා. උන්වහන්සේලා එයින් ම සුවපත් වුනා.

දවසක් දම්සභා මණ්ඩපයේ රැස්වූ භික්ෂූන් වහන්සේලා මේ ගැන කතාකරමින් සිටියා. "ඇවැත්නි,

අපගේ සාරිපුත්තයන් වහන්සේගේ පුණ්‍ය මහිමය නම් හරි අගෙයි. අනුන්ට උපකාර පිණිසයි ඒ පින යොමු වී තියෙන්නේ. බලන්ට, විරේක බෙහෙත් වැළඳූ තෙරුන්නාන්සේලාට සප්පාය භෝජන ලබාගැනීමේ අදහසින් උපස්ථායක භික්ෂූන් බත් වෑංජන් වීදියේ පිඬු සිඟා වැඩියා. ලැබුනේ නෑ. නමුත් අපගේ සාරිපුත්තයන් වහන්සේ ඒ වීදියේ ම ඒ භික්ෂූන් සමඟ ම වැඩියා. එතකොට නොලැබුනු දානේ ඇතිතරම් ලැබුනා නොවැ."

එතකොට අපගේ භාග්‍යවතුන් වහන්සේ එතැනට වැඩමකොට වදාළා. භික්ෂූන් වහන්සේලා තමන් කතාබස් කරමින් සිටි කරුණ භාග්‍යවතුන් වහන්සේට සැළකළා. භාග්‍යවතුන් වහන්සේ මෙසේ වදාළා.

"මහණෙනි, අපගේ සාරිපුත්තයෝ පමණක් මේ විදිහට මස් ලැබුවා නොවේ. පෙර ආත්මෙත් ඉතාමත් මුදුමොළොක් තෙපුල් කියන, ප්‍රියවචන කියන, කතාබහ කිරීමෙහි බුහුටි නුවණැතියන්ටත් ඉස්සර මස් ලැබුනා කියා මේ අතීත කතාව ගෙනහැර දක්වා වදාළා.

"මහණෙනි, ගොඩාක් ඉස්සර කාලෙක බරණැස්පුරේ බ්‍රහ්මදත්ත නම් රජ්ජුරු කෙනෙක් රාජ්‍ය කරමින් සිටියා. ඔය කාලේ මහාබෝධිසත්වයෝ සිටුපුත්‍රයෙක් ව බරණැස ම ඉපදිලා උන්නා. දවසක් එක මස්වැද්දෙක් වනේ ගොහින් බොහෝ දඩමස් කරත්තයක් පුරවාගෙන විකිණීමේ අදහසින් බරණැසට ආවා. එදා බරණැසවාසී සිටුපුත්‍රයෝ සතර දෙනෙක් කිසියම් කරුණකට නගරෙට ඇවිත් අතරමග මිනිසුන් රැස්වෙන තැනක වාඩිවී ඇසෙන පෙනෙන දේවල් ගැන කතා කරමින් සිටියා. ඔය සිටුපුත්‍රයෝ මස්වැද්දා මස් කරත්තයත් තල්ලු කරගෙන එනවා දැක්කා. දැකලා එක් සිටුපුත්‍රයෙක් මෙහෙම කිව්වා. "ආං බලන්ට... අර මස්

වෙළෙන්දා මස් අරගෙන ඇවිත්. හරි... මං එයාගෙන් මස් කොටහක් ගෙන්නා ගන්ට ද?" "හා... පුළුවන් නම් එයාගෙන් අරගන්ට." එතකොට ඔහු එතැනට ගියා. "අරේ ඕයි... මේ... ඕයි... වැද්දෝ... මට මස් ටිකක් දෙනවැයි?"

එතකොට වැද්දා මෙහෙම කීවා. "අනේ සිටුවරය, අනුන්ගෙන් යමක් ඉල්ලන්ට ඕනෑ නම් ඊට සුදුසු මධුර වූ වචනයෙන් එපායැ ඉල්ලන්ට. නමුත් තමුන්නාන්සේ ඉල්ලූ ආකාරයට ගැලපෙන මස් කොටහක් මං දෙන්නම්" කියා මේ පළමු ගාථාව පැවසුවා.

(1)

තමුන්නාන්සේගෙ වචන -
එරුැස නිසා මට ඇතිවුනෙ නෑ කැමැත්ත
මස් ඉල්ලා සිටි පිළිවෙළ -
ගැළපෙන්නේ මස්වල ඇති දළඹුවටයි
මිතුර එම නිසා ඔබ හට -
මේ මස්වල දළඹුව පමණක් දෙමි

එතකොට අනිත් සිටුපුත්‍රයෝ ඔහුගෙන් ඇහුවා ඔයා මොකක් කියලාද මස් ඉල්ලුවේ කියලා. "මං අරේ ඕයි... කියලා ඉල්ලුවේ" කියා පිළිතුරු දුන්නා. "එහෙනම් මාත් ගොහින් මස් ඉල්ලාගන්නවා" කියා තව සිටුපුත්‍රයෙක් ගිහින් "අනේ ලොකු අයියේ... මටත් මස් දෙනවැයි?" කියලා ඇසුවා. "ඕ... තමුන්නාන්සේ මට කතා කළේ ලොකු සහෝදරයා කියලා නොවැ. හරි මං ඒකට ගැලපෙන මසක් දෙන්නම්" කියා වැද්දා මේ ගාථාව කිව්වා.

(2)

මිනිසුන් හට ඇති අත්පා -
සහෝදරයො කියලයි ලෝකයා කියන්නේ

අත් පා වැනි අංග වගේ -
බසකින් නොවැ ඔබ දැන් මා හට අමතන්නේ
මිතුර එම නිසා ඔබ හට -
මේ මස්වල අංග කොටස් පමණක් දෙන්නේ

එතකොට අනික් සිටුපත්‍රයෝ ඔහුගෙන් ඇසුවා ඔයා මොකක් කියලාද මස් ඉල්ලුවේ කියලා. සහෝදරයා යන වචනයෙන් ඔහුට ඇමතූ බව ඒ සිටුපුත්‍රයා කිව්වා. "හරි මාත් එහෙනම් ගිහින් මස් ඉල්ලා ගන්නවා" කියලා තව සිටුපුත්‍රයෙක් ගිහින් "අනේ පියාණනි, මටත් එහෙනම් මස් ටිකක් දෙනවැයි?" කියලා ඇසුවා. "හෝ.... ඔබ කතාකළ පිළිවෙළටත් ගැලපෙන මස් කොටසක් ලැබේවි" කියා මේ ගාථාව පැවසුවා.

(3)

පියාණනී කියා පුතා තාත්තාට කියද්දී
- පියාගෙ හද කම්පා වෙන්නේ
හදවත වැනි වදනක් නොවැ දැන් ඔබ කීවේ
- ඊට සුදුසු දෙයයි ලැබෙන්නේ
මිතුර ඔබේ වදනට ගැලපෙන
- හදමස මම දෙන්නෙමි ඔබට

එතකොට ඉතුරුවෙලා සිටියේ බෝසත් සිටුපුත්‍රයා. ඔහු අනිත් සිටුපුත්‍රයාගෙන් ඇසුවා මොකක් කියලාද ඉල්ලුවේ කියලා. "හරි මාත් ගොහින් ඉල්ලනවා එහෙනම්" කියා ඔහුත් මස් වෙළෙන්දා ළඟට ගියා. "අනේ මිත්‍රයා... මටත් මස් ටිකක් දෙනවැයි" කියා ඉල්ලුවා. එතකොට මස් වෙළෙන්දා මේ ගාථාව කිව්වා.

(4)

ගමේ යමෙක් හට මිතුරෙකු සිටියේ නැත්නම්
ඔහු ඉන්නේ වනන්තරේ තනිවුනා වගෙයි

හැම දෙයටම සම වදනකි දැන් ඔබ කීවේ
එනිසා මිතුර සියලුම මස් දෙන්නෙමි ඔබට

කියලා බෝසත් සිටුපුත්‍රයාගේ නිවසට මස් කරත්තය ගෙන ගියා. එතකොට සිටුපුත්‍රයාත් ඒ මස් ගෙදර බාගෙන මස්වැද්දාට ඉතා හොඳින් සත්කාර සම්මාන කළා. "මිත්‍රයා... ඔබ කැලේ ගොහින් දඩයම් කරන්ට ඕනෑ ද මං වැනි මිතුරෙක් සිටිද්දී. ඔබ ගිහින් දරුවොයි හාමිනෙයි මෙහි කැඳවාගෙන එන්ට. මගේ ළඟ හොඳ රැකියාවක් දෙන්නම්" කියා ඒ දඩයක්කාරයාව දඩයමින් මුදවාගෙන තමන්ගේ සිටු නිවසේ රඳවා ගත්තා. එදා පටන් දෙන්නාම කාටවත් බිඳවන්ට බැරි ඉතා හොඳ මිතුරන් සේ දිවි තිබෙනතුරු වාසය කළා.

මහණෙනි, එදා මස් විකුණූ දඩයක්කාරයා වෙලා සිටියේ අපගේ සාරිපුත්තයෝ. දඩයක්කරුගෙන් ඔක්කොම මස් ලබාගත් සිටුපුත්‍රයා වෙලා සිටියේ මම" යි කියා භාග්‍යවතුන් වහන්සේ මේ ජාතකය නිමවා වදාළා.

06. සස ජාතකය

බෝසත් සාවාගේ කතාව

පින්වතුනේ, පින්වත් දරුවනේ,

මේකත් ගොඩාක් ලස්සන කතාවක්. මේ ජාතක කතාව ගැන පන්සල්වල අඳින ලද ඉතා ලස්සන චිත්‍ර පවා ඔබ දැකලා ඇති. කෙනෙකුගේ ජීවිතයේ තියෙන පරිත්‍යාග කිරීමේ පුදුමාකාර හැකියාව ගැනයි මෙයින් කියවෙන්නේ.

ඒ දිනවල අපගේ භාග්‍යවතුන් වහන්සේ වැඩ වාසය කොට වදාළේ සැවැත්නුවර ජේතවනයේ. ඔය කාලේ සැවැත්නුවර වාසය කළ උපාසකයෙකුට භාග්‍යවතුන් වහන්සේ ප්‍රමුඛ පන්සියයක් භික්ෂුසංඝයාට සියලුම පිරිකරත් සහිත සර්ව සම්පූර්ණ මහා දානයක් දෙන්ට ආසා හිතුනා. ඉතින් ඔහු භාග්‍යවතුන් වහන්සේටයි භික්ෂු සංඝයාටයි දනට ආරාධනා කළා. ඊටපස්සේ තමන්ගේ නිවස ඉදිරිපිට අලංකාර මණ්ඩපයක් කරවා භාග්‍යවතුන් වහන්සේට වැඩඉන්ට උතුම් ආසනයක් පිළියෙල කළා. සංඝයාටත් උතුම් ආසන පිළියෙල කළා. නොයෙක් ප්‍රණීත සූපව්‍යංජනයන්ගෙන් රසමසවුළු පළතුරු කිරි පැණි ආදියෙන් යුක්තකොට සුවඳ ඇල්හාලේ බත් හැදුවා.

භාග්‍යවතුන් වහන්සේටයි පන්සියයක් භික්ෂූන්

වහන්සේලාටයි සත් දිනක් ම මහා දන් පූජා කළා. සත්වෙනි දවසේ සංඝයාගේ පරිහරණයට අසවල් දේ අඩුය කියා නොදැකිය හැකි පරිදි සියලු පිරිකරින් සමන්විතව මහා දන් පිදුවා. එදා අපගේ භාග්‍යවතුන් වහන්සේ භුක්තානුමෝදනා ධර්ම දේශනාව පවත්වද්දී මෙසේ වදාළා.

"උපාසකය, ඔබ පිනා ගිය චිත්ත ප්‍රීතියෙන් යුක්තව, මහා ප්‍රීති සොම්නසින් යුක්තව මේ දානමය පුණ්‍ය කර්මය කළ බව පෙනී ගියා. උපාසකය මේ දානය කියා කියන්නේ ගොඩාක් ඈත අතීතයේ පටන් නුවණැත්තන් පවත්වාගෙන ආ නැණවතුන්ගේ වංශයයි. ඉස්සර සිටිය නුවණැත්තෝ තමන් ඉදිරියට ඉල්ලාගෙන පැමිණි අයට ජීවිතය පරිත්‍යාග කොට තමන්ගේ මස් පවා පූජා කොට තියෙනවා." එතකොට ඒ උපාසකතුමා පෙර නුවණැත්තන් තම දිවි පුදා මස් දන් දුන් කතාව කියාදෙන්ට කියා භාග්‍යවතුන් වහන්සේගෙන් ඉල්ලා සිටියා. භාග්‍යවතුන් වහන්සේ මේ අතීත කතාව ගෙනහැර දක්වා වදාළා.

"උපාසකය, ගොඩාක් ඉස්සර කාලේ බරණැස්පුරේ බ්‍රහ්මදත්ත නමින් රජ්ජුරුකෙනෙක් රාජ්‍ය විචාරමින් සිටියා. ඔය කාලේ මහා බෝධිසත්වයෝ සාවෙක් වෙලා උපන්නා. ඒ හාවා වාසය කළේ වනාන්තරේ. එක පැත්තකින් කඳු පාමුල. අනිත් පැත්තෙන් ගංගාවක් ගලා බසිනවා. තවත් පැත්තකින් පිටිසර ගමක් තිබුණා. මේ හාවාට තව යාළුවෝ තුන් දෙනෙක් සිටියා. එක්කෙනෙක් වඳුරෙක්. අනිකා සිවලෙක්. අනිකා දියබල්ලෙක්.

මේ සතර දෙනාට ම නුවණ තියෙනවා. තම තමන්ගේ ගොදුරු සොයාගෙන ගිහින් මොකොවත් කාලා

ඇවිත් සතර දෙනා ම එකට එකතුවෙනවා. එතකොට හා පණ්ඩිතයෝ අනික් අයට අවවාද දෙනවා. "මෙහෙම නිකං ඉඳලා හරියන්නේ නෑ. අපිත් දන්දෙන්ට ඕනෑ, සිල් රකින්ට ඕනෑ, උපෝසථයේ සමාදන් වෙන්ට ඕනෑ" කියමින් බණ කියනවා. "ඒ කතාව නම් හරි තමා" කියමින් අනිත් තුන්දෙනාත් හා පණ්ඩිතයන්ගේ අදහස් අනුමත කරනවා. ඊට පස්සේ තම තමන් වසන තැන්වලට යනවා. ඔය විදිහට කාලේ ගත වෙද්දී දවසක් හා පණ්ඩිතයෝ ආකාසේ දිහා බලාගෙන සිටියා. "හෝ... අර බලන්ට... ආකහේ චන්ද්‍රමණ්ඩලේ පායා ඇති හැටියට නං හෙට පුර පෝය වාගේ. ම්... ඔව් හෙට උපෝසථ දා නොවැ. එහෙනම් ඔහේලා තුන් දෙනාත් හෙට උපෝසථ සිල් සමාදන් වෙන්ට. ඒ වගේම දන්නවා ද, ඔය උපෝසථ සිල් සමාදන් වෙලා, සීලයේ පිහිටා පුදන දානය බොහෝම අනුහස් තියෙනවා. බාගෙදා හෙට කවුරු හරි මොකවත් ඉල්ලාන ආවොත් කන්ට තියෙන කෑමවලින් කොටහක් දීලා කන්ට ඕනෑ හොඳේ." එතකොට හා පණ්ඩිතයන්ගේ යෝජනාවට හැමෝම එකඟ වුණා.

පසුවදා උදේම දියබල්ලා ගොදුරු සොයන්ට ගියා. ගඟ ළඟට ගොහින් හිටිද්දී මාළුන්ගේ ගඳක් වැල්ලෙන් ආවා. එදා එක්තරා බිලී වැද්දෙක් ගංගාවෙන් මාළු හත්දෙනෙක් බිලී බාලා ඒ මාළු වැල්ලේ හංගලා තවත් මාළු ටිකක් බිලී බාගන්ට ඕනෑය යන අදහසින් ගංගාව පහළට ගිහින්. දියබල්ලා මාළුන්ගේ පිළී ගඳ ඉව කරගෙන ඇවිත් අර වැල්ලේ යටකොට සිටි මාළුන් දැකලා ඒවා බැහැරට ගත්තා. "මේ... මාළු වගයක් තියෙනවා. අයිතිකාරයෙක් ඉන්නවා දෝ..." කියා තුන් වරක් කෑ ගැසුවා. නමුත් කවුරුවත් ආවේ නෑ. එතකොට ඔහු මාළුන්ගේ වරලින්

ඒවා අරගෙන ගිහින් තමන් වසන තැන තියාගත්තා. "වේලාව ආ විට අනුභව කරන්ට බැරියැ" කියා තමන්ගේ සිල් ආවර්ජනා කරමින් ලැග්ගා.

හිවලාත් ගොදුරු සොයාගෙන ගියා. කුඹුරක පැල් කොටයක් තිබුනා. ඒ පැලේ කරවල කූරි දෙකකුයි, මරාපු තලගොයෙකුයි, කිරි හට්ටියකුයි තිබුනා. එතකොට සිවලා 'මේවාට අයිතිකාරයෝ ඇත්දෝ' කියා තුන්විඩක් කෑ ගැසුවා. කවුරුවත් අවේ නෑ. එතකොට සිවලා කිරිහට්ටිය ගැටගසාපු ලණුව බෙල්ලේ පටවලාගෙන, කරවලයි, තලගොයයි කටින් ඩැහැගෙන තමන්ගේ වාසස්ථානයට අරගෙන ආවා. 'වේලාව ආ විට අනුභව කරන්ට පුළුවනි' කියා ඒවා පැත්තකින් තබා තමන්ගේ සිල් ආවර්ජනා කරමින් ලැග්ගා.

වඳුරාත් වන වඳුලට වැදී අඹගෙඩියක් අරගෙන ඇවිත් තමන් වාසය කරන තැන 'සුදුසු වේලාවට කන්ට බැරියැ' කියා තියාගත්තා. තමන්ගේ සිල් ආවර්ජනා කරමින් හිටියා.

හා පණ්ඩිතයෝ තමන් සිටි පඳුර අස්සේ ම සිටිමින් මෙහෙම සිතුවා. 'මං වෙලාව ආ විට එළියට ගොහින් කොළ ටිකක් කනවා. ඒත් බාගදා කවුරුහරි ඇවිත් මගෙන් කන්ට යමක් ඉල්ලුවොත් දෙන්ට දෙයක් නෑ නොවැ. මං ළඟ රැස් කළ තල, මුං, මෑ, සහල් වැනි මොකෝවත් නෑ. මට දෙනවා නම් දෙන්ට තියෙන්නේ මගේ ශරීර මාංශ විතරයි. ඔව්... මං මගේ මස් පූජා කරනවා.' මෙහෙම සිතා තමන්ගේ සිල් ආවර්ජනා කරන්ට පටන් ගත්තා.

හා පණ්ඩිතයන්ගේ සිල් තෙදින් තව්තිසාවේ සිටි සක් දෙවිඳුන්ගේ පාණ්ඩුකම්බල ශෛලාසනය රත් වී

ගියා. එතකොට සක්දෙවිඳු එයට කාරණාව කිමැයි දිවැස් හෙළා බලද්දී හා පණ්ඩිතයෝ සාමාන්‍ය මනුෂ්‍යයෙක්වත් කල්පනා නොකරන උතුම් සිතිවිලි සිත සිතා ඉන්නා හැටි පෙනී ගියා. ඒ වගේම හා පණ්ඩිතයන්ගේ උපදෙස් අනුව සිල් රකිනා යාළුවන් තුන් දෙනාවත් දැක්කා. දැකලා මහලු බ්‍රාහ්මණයෙකුගේ වේශයෙන් පළමුවෙන් දියබල්ලා සිටි තැනට ගියා. ගිහින් සිටගෙන ම මෙහෙම කිව්වා. "නුවණැත්ත, අපටත් දානය පිණිස මොකොවත් ලබා ගන්ට පුළුවනි ද? මාත් උපෝසථ සිල් අරගෙන මහණදම් පුරන කෙනෙක්." එතකොට "බොහෝම අගෙයි, සිල් රැකීම හොඳයි නොවැ, මං තමුන්නාන්සේට ආහාර දෙන්නම්" කියා දියබල්ලා මේ ගාථාව කිව්වා.

(1)

දියෙන් ගොඩට දමා තිබුන -
මාළු හත්දෙනෙක් තියෙනවා මා ළඟ
බමුණානෙනි ඒවා ඔබ අරගෙන -
ආහාරය පිණිස ගනු මැනා
වළඳා ඒවා සුවසේ -
වාසය කළ මැනව මේ වනේ

එතකොට බ්‍රාහ්මණයා මෙහෙම කිව්වා. "බොහෝම අගෙයි, ඒත් තවම වේලාසන නොවැ. පස්සේ ඇවිත් බලන්නම්" කියා සිවලා ළඟට ගියා. ගිහින් කලින් වගේම තමන්ට දානය පිණිස කිසිවක් බලාපොරොත්තුවෙන් ආ වග කියා සිටියා. එතකොට සිවලා මේ ගාථාව පැවසුවා.

(2)

මේ ළඟපාත හරියෙ කෙත් රකිනා පැලක් තියෙනවා
රෑ බතට අරං ඉතිරි වෙලා දමා ගොහින් මේවා තිබුනේ

කරවල කුරි දෙකක් තලගොයෙකුත් කිරිහට්ටියකුත්
මා ළඟ ඇති මේව රැගෙන ගොහින් බමුණ ඔබ
සුවසේ අනුභව කොට වාසය කළ මැනව මේ වනේ

එතකොට කලින් වගේම බමුණා සිවලාටත් පිළිතුරු දී වඳුරා ළඟට ගිහින් සිටගත්තා. "මොකෝ මේ පැත්තේ ආවේ. මොකවත් ඕනෑ ද?" කියා වඳුරා ඇසූ විට තමන් දානයක් බලාපොරොත්තුවෙන් ආ වග කියා සිටියා. එතකොට වඳුරා මේ ගාථාව පැවසුවා.

(3)

මේ බලන්ට හරි අගේට ඉදුණු අඹය මේ
අර ගලන්නෙ සීතල දිය දහරයි -
සිත්කලු සෙවන හැම තැන
මෙය අහරට රැගෙන බමුණ -
වාසය කළ මැනව මේ වනේ

එතකොටත් බමුණා කලින් වගේම වඳුරාටත් පිළිතුරු දීලා හා පණ්ඩිතයෝ ළඟට ගියා. "ඕ... බ්‍රාහ්මණය, මොකදෑ ඔහේ මේ පැත්තේ ආවේ?"

"අනේ හා පණ්ඩිතය, අද උපෝසථයේ නොවැ. ඉතින් මාත් දානෙට ගන්ට මොකොවත් ඇද්දැයි බලන්ට ආවා."

"හෝ... ඔහේට ආහාරයක ඕනෑකමක් නේද? බොහෝම අගෙයි මෙහෙ ආ එක. මට බොහෝම සතුටුයි. හැබැයි බ්‍රාහ්මණය, අද නං මට දෙන්ට මොකෝවත් නෑ. තොපත් සිල්වතෙක් නොවැ. ප්‍රාණඝාතයක් කරන්නේ නෑ නොවැ. ඒ නිසා මං වැඩක් කියන්නම්. ගොහින් දර ගොඩක් ගසා ගිනි තියලා ගිනි අඟුරු ගොඩාක් හදා මට

කියන්ටකෝ. මං මගේ ජීවිතේ දානය පිණිස පුදා ගිනි අඟුරු ගොඩට පනින්නම්. එතකොට මගේ සිරුර අඟුරට යසට පිළිස්සේවි. ඒක ආහාරයට අරගෙන මහණදම් පුරන්ට" කියා මේ ගාථාව පැවසුවා.

(4)

හාවෙක් වන මං ළඟ -
සහල් කඩල මුං තල කිසිවක් නැතේ
ඇවිලෙන ගිනි අඟුරු ගොඩේ -
පුළුස්සා මගේ මස
සුවසේ අනුභව කොට ඔබ -
වාසය කළ මැනව මේ වනේ

හාවාගේ කතාව ඇසූ බමුණු වෙස් ගත් සක් දෙවිඳු තමන්ගේ දේවානුභාවයෙන් ගිනි අඟුරු ගොඩක් මවා හාවාට කියා සිටියා. හාවා නැගිට ඇවිත් ගිනි අඟුරු ගොඩ ළඟට පැමිණියා. 'අනේ මේ ලොම් අතරේ කුඩා සත්තු හිටියොත්හින් උන් මැරෙනවා නොවැ. එවුන්ට හානියක් නොවේවා!' කියා තුන් විඩක් හොඳට ඇඟ සොළවා මවිල් ගසා දමා මුළු සිරුර ම දානය උදෙසා සිතින් කැපකොට රත් නෙළුම් මල් ගුලාවකට සුදු රාජහංසයෙක් පනිනවා වගේ ප්‍රීතියෙන් ඔද වැඩී ගිය සිතින් ගිනි දළු නැගෙන රත් පැහැ අඟුරු ගොඩට පැන්නා!

ඒ ගින්නේ හා පණ්ඩිතයන්ගේ සිරුරේ එක ලොම් ගසක්වත් පිච්චුනේ නෑ. සාන්ත සිසිල ඇති වලාවක් මැදට ආවා වගේ සැපක් ඇති වුනා.

"ඇ... බ්‍රාහ්මණය... මේ මොකෝ... ඔහේගේ මේ ගිනි අඟුරු ගොඩ හරි සිසිලයි නොවැ. කෝ... එක ලොම්ගසකට වත් රස්නේ ආවේ නෑ. මේ මොකද වුනේ!

"අනේ... හා පණ්ඩිතයෙනි... මං බ්‍රාහ්මණයෙක් නොවේ. මං සක් දෙවිඳු. තමුන්නාන්සේ සිල් සමාදන් වෙලා දන් දෙන්ට ඕනෑ කියා උතුම් සිතිවිලි සිත සිතා උන්නා නොවැ. ආං... ඒක පරීක්ෂා කොරන්ටයි මං ආවේ."

"හනේ... හනේ ශක්‍රය... ඔහේ කවුද මාව විමසන්ට? ඔහේ නොවේ... මේ ලෝක සන්නිවාසයේ සියල්ලෝ ම මගේ දානය ගැන විමසන්ට ආවත් මං දන් දෙන්ට අකැමැති කෙනෙක් ය කියා නං දැකගන්ට බැරිවේවි" කියා හා පණ්ඩිතයෝ සිංහනාද කළා!

"අනේ සා පණ්ඩිතයෙනි, තමුන්නාන්සේගේ මේ වීරක්‍රියාව සකල ලෝකයට දැනගන්ට සලස්සන්ට ඕනෑ" කියලා සක් දෙවිඳු ඒ පර්වතයේ පෑලුවිසාරය අරගෙන චන්ද්‍ර මණ්ඩලයේ සාවාගේ රූපය ඇන්දා. ඊට පස්සේ හා පණ්ඩිතයන්ව දෝතට අරගෙන ඒ වනවදුලේ සිනිඳු තණ පඳුරක් මැද ආදරයෙන් සතපවා නොපෙනී ගියා.

භාග්‍යවතුන් වහන්සේ මේ ජාතකය වදාරා චතුරාර්ය සත්‍ය ධර්මය දේශනා කොට වදාළා. ඒ දේශනාවේ කෙළවර සියලු පිරිකර සහිතව දන් දුන් උපාසක සෝවාන් ඵලයට පත් වුනා.

"මහණෙනි, එදා දියබල්ලා වෙලා වාසය කළේ අපගේ ආනන්දයෝ. සිඟාලයාව සිටියේ අපගේ මහා මොග්ගල්ලානයෝ. වඳුරා වෙලා සිටියේ අපගේ සාරිපුත්තයෝ. සක් දෙවිඳුව සිටියේ අපගේ අනුරුද්ධයෝ. හා පණ්ඩිතව සිටියේ මම" යි කියා භාග්‍යවතුන් වහන්සේ මේ ජාතක කතාව නිමවා වදාළා.

07. මතරෝදන ජාතකය

මළවුන් වෙනුවෙන් හඬා වැලපෙන්නවුන්ගේ කතාව

පින්වතුනේ, පින්වත් දරුවනේ,

මළගෙයක් සිදු වූ විට අපට පොදුවේ දකින්ට ලැබෙන්නේ මියගිය කෙනා වෙනුවෙන් ඔහුගේ නෑ හිතමිතුරන් හඬන වැළපෙන ශෝකී රාවයයි. නමුත් නුවණැත්තෝ එවන් අවස්ථාවල එයට වෙනස් ආකාරයෙකින් මුහුණ දෙනවා. මෙය එබඳු කතාවක්.

ඒ දිනවල අපගේ භාග්‍යවතුන් වහන්සේ වැඩ වාසය කොට වදාළේ සැවැත්නුවර ජේතවනයේ. ඔය කාලයේ සැවැත්නුවර පවුලක සහෝදරයන් දෙන්නෙක් වාසය කළා. දවසක් ඔවුන්ගෙන් එක් සොයුරෙක් හදිසියේ අභාවයට පත් වුනා.

තම සොයුරාගේ හදිසි අභාවය අනිත් කෙනාට කොහෙත්ම උහුලාගන්ට බැරි වුනා. අධික ශෝකයට පත් මේ තැනැත්තා තමන්ගේ එදිනෙදා කරන කටයුතු පවා නවතා දැම්මා. ඒ කියන්නේ දැන් මොහු නාන්නෙ නෑ. කන්නෙ බොන්නෙ නෑ. හිස පීරන්නේවත් නෑ. උදේ ම සොහොනට යනවා. ගොහින් සොයුරා සිහි කර කර වැලපෙනවා. ආයෙත් ගෙදර එනවා.

දවසක් හිමිදිරි උදෑසන අපගේ භාග්‍යවතුන් වහන්සේ මහා කරුණා සමවතින් ලොව බලා වදාරද්දී සෝවාන් ඵලයට පත්වෙන්ට මහා පිනක් ඇති මොහු පත් වී ඇති අසරණ තත්වයෙන් බේරාගන්ට ඕනෑ ය අදහස ඇති වුනා. පසුවදා සවස භාග්‍යවතුන් වහන්සේ තවත් භික්ෂුවක් සමඟ මේ තැනැත්තාගේ නිවසට වැඩම කළා. වැඩම කොට පනවන ලද අසුනේ වැඩ හිඳ මෙසේ අසා වදාළා.

"පින්වත, මොකද ඔබ බොහෝ සිතිවිලි බරව ඉන්නේ?"

"අනේ ස්වාමීනී, මයෙ සහෝදරයා මැරුණ දවසේ පටන් මට කිසිම දෙයක් කර කියා ගන්ට බෑ. එයා ගැන ම යි මතක් වෙන්නේ. අනේ ස්වාමීනී... ඇයි මට මෙහෙම වුනේ?"

"නෑ පින්වත, මෙය ඔබට පමණක් වූ දෙයක් නොවේ. ලෝකයේ සකස් වූ හටගත් යමක් ඇද්ද, ඒ සියල්ලටමත් මේ නැසී වැනසී යාම කියන එක පොදු දෙයක්. බිඳීයන සුළු දෙය බිඳී යනවා ම යි. ඒක වළක්වා ගන්ට කාටවත් ම බෑ. මේ සිරුර කියන්නේ බිඳී යන ස්වභාවයට අයිති දෙයක්. ඉස්සර හිටිය නුවණැත්තෝ බිඳීයන සුළු දේවල් ගැන අවබෝධයකින් හිටියා. තමන්ගේ සහෝදරයා මැරුණ දවසේ ඒ ගැන සිත සිතා සිතිවිලි බරව සිටියේ නෑ" කියා වදාළා. එතකොට ඔහු ඒ ගැන කියාදෙන්ට කියා භාග්‍යවතුන් වහන්සේගෙන් ඉල්ලා සිටියා. භාග්‍යවතුන් වහන්සේ මේ අතීත කතාව ගෙන හැර දක්වා වදාළා.

ගොඩාක් ඉස්සර කාලෙක බරණැස්පුරේ බ්‍රහ්මදත්ත

නමින් රජ්ජුරු කෙනෙක් රාජ්‍ය කරමින් සිටියා. ඔය කාලේ මහාබෝධිසත්වයෝ අසූකෝටියක මහාධනයක් ඇති සිටුපවුලක උපන්නා. ඔහු වයසින් වැඩෙද්දී දෙමාපියන් කලුරිය කළා. මව්පියන්ගේ අභාවයෙන් පස්සේ පවුලේ සියලු වගකීම් වැටුනේ බෝධිසත්වයන්ගේ වැඩිමල් සොයුරා පිටයි. බෝධිසත්වයෝ ඇති දැඩි වුනෙත් ඔහු ඇසුරු කොටයි. ටික කලකින් සහෝදරයාත් මරණයට පත් වුනා.

එතකොට පවුලේ ඤාතිමිත්‍රාදීන් රැස්වෙලා හිස අත් බැඳ හඬා වැලපෙන්ට පටන්ගත්තා. ඔවුන්ගෙන් එක් අයෙකුටවත් හොඳ සිහියෙන් ඉන්ට බැරිව ගියා. නමුත් බෝධිසත්වයෝ පමණක් හැඬුවෙත් නෑ. වැලපුනෙත් නෑ. කලබලයෙන් කෑ ගැසුවෙත් නෑ. කිසි කලබලයක් නැතිව සාමාන්‍ය විදිහට ප්‍රකෘති සිහියෙන් සිටියා. එතකොට මළගෙදර ආ මිනිස්සු මෙහෙම කියන්ට පටන් ගත්තා.

"ආං බලාපන්... අර ඉන්නේ එකම සහෝදරයා. මෙයාගේ මව්පියාට, හැමදේට ම හිටිය පවුලේ සියලු බර ඇදපු සහෝදරයා මළේ. බලාපන් කිසි වගක් නැතිව ඉන්න හැටි. අඩු ගානේ මුහුණවත් හකුළාගෙන නැහැ... හිතක් පපුවක් නැති හැටි හැබෑට. තමුන්නේ සහෝදරයාත් මළාට පස්සේ උන්දැගේ කොටහත් දැන් තමුන්ට නොවැ. ඒකට සන්තෝෂ ඇති. හහ්... තමන්ගේ සහෝදරයා මළාට සතුටුවෙන මෙහෙමත් ඇයො ඉන්නවා නොවැ හැබෑට" කියලා බෝධිසත්වයන්ට ගරහන්ට පටන් ගත්තා. ඤාති පිරිසත් බෝධිසත්වයෝ නාඬා සිටීම ගැන බොහෝම නෝක්කාඩු කිව්වා.

එතකොට බෝධිසත්වයෝ ඒ අයට මෙහෙම පිළිතුරු

දුන්නා. "මේ... ඔහේලට ලෝක ධර්මය නොතේරුනාට මට කොරන්ට දෙයක් නෑ. ඔහේලා හිතන්නේ මගේ සහෝදරයා විතරක් ම ලෝකේ මැරෙනවා කියල ද? එතකොට මං මැරිලා යන්නේ නැද්ද? ඔහේලා හිතාන ඉන්නේ හැමදාම ඉන්ට ද? නෑ... ඔහේල ත් මැරෙනවා. අපි හැමෝම මැරෙන අය. මේක කාටවත් ම වළකන්ට බෑ බෑ ම යි. ඇයි මේක තේරුම් අරගෙන නාඬා ඉන්ට බැරි? මේ සෑම දෙයක් ම නැසී යන අනිත්‍ය දේවල් බව තේරුම් ගෙන තමන්ට බැරිද තමන්ගේ ස්වභාවයෙන් සංසුන්ව ඉන්ට? මේ ලෝකේ එක දෙයක්වත් නෑ අනිත්‍ය නොවී තියෙන. ඔහේලා ඔය කාරණාව නොතේරුන නිසා නොවැ හඬන්නේ. මට හඬන්න තියෙන්නේ මොකක් වෙනුවෙන් ද?" කියා මේ ගාථාවන් පැවසුවා.

(1)

මැරෙන අය ම මැරුණු අයට නේද හඬන්නේ
තමන් මැරෙන බව දැනගෙන ඇයි නොහඬන්නේ
සිරුර තියෙන සියල්ලන්ට මේ දේ වෙන්නේ
කෙමෙන් කෙමෙන් මේ ලොව අත්හැරලා යන්නේ

(2)

දෙවිවරු හා මිනිස්සු හැම
- සිව්පාවෝ කුරුල්ලෝ ද
සර්පයෝ ද ලොව සිටිනා සියල්ලෝ ද
- ඇති නැති හැම දෙනා ලොවේ
ඒ කාටත් තමන්ගේ ම සිරුරුවලට
- අධිපතිබව පවත්වන්ට නොහැක්කෝ ය
ජීවත් වෙන්නට තව තව ආාස තියෙද්දී
- හැමෝ ම දිවි අත් හැර යන්නෝ

(3)

මෙසේ ලොවේ හැම දෙයක් ම -
වෙනස් වෙවී සැලී නැසෙන දේවල් වේ
සැප දුක් ගැන මිනිසුන් තුළ -
නොයෙක් දේ පතා සිටිය ද
වෙනස් වෙවී වැනසී යද්දී -
එයට හඬා වැලපුනාට සෙතක් නොවන්නේ
සෝ දුක් ඔබෙ සිතේ ගොඩ ගැසී -
ඇයි ද ඔබව පෙළා දමන්නේ

(4)

කාමෙන් මුසපත් වූ අය, සුරා සොඬුන්
- පිනක් නොකළ මෝඩ අයත්
කරුණු කාරණා දකින්ට දක්ෂ නැති අයත්
- හොඳ වැඩවල නොයෙදී සිටි අයත්
ලෝ දහම දකින්ට දක්ෂ නැති අයත්
- සිතන්නෙ මං මෝඩයෙක් කියා

මේ විදිහට එදා බෝධිසත්වයෝ කරුණු පහදා දුන්නාට පස්සේ තමන් මේ හඬා වැලපෙන්නේ ජීවිතේ ඇත්ත නුදුටු නිසා බව හැමෝටම තේරුනා. ඒ අයත් හැඬීම් වැලපීම් නවතා නිශ්ශෝකීව කටයුතු කළා.

මෙය වදාළ භාග්‍යවතුන් වහන්සේ චතුරාර්ය සත්‍ය ධර්මය දේශනා කොට වදාළා. ඒ දේශනාවේ කෙළවර ඔහු සෝවාන් ඵලයට පත්වුනා. එදා මහාජනයාට කරුණු තේරුම් කර දී ඔවුන්ගේ ශෝකය සංසිඳවූ නුවණැත්තාව සිටියේ තමා ය කියා වදාළ භාග්‍යවතුන් වහන්සේ මේ ජාතකය නිමවා වදාළා.

08. කණවේර ජාතකය
කණේරු මල් පඳුරේ කතාව

පින්වතුනේ, පින්වත් දරුවනේ,

අපි මේ ආත්මයේ සමහර අය කෙරෙහි ඇති කරගන්නා බැඳීම අත්හැර ගන්ට බැරිව දුක් විඳින අවස්ථා තියෙනවා. නමුත් අපි ඒ දැඩි බැඳීමෙන් යුක්ත වන කෙනා නිසාම සංසාරේ මහා දුක් කරදරවලට බඳුන් වෙලා සිටින්ට වුනත් ඉඩ තියෙනවා. එහෙම හිතන්ට සිදුවෙන්නේ මේ කතාව ඉගෙන ගන්නා විටයි.

ඒ දිනවල අපගේ භාග්‍යවතුන් වහන්සේ වැඩ වාසය කළේ සැවැත් නුවර ජේතවනයේ. ඔය කාලේ සැවැත් නුවර සිටි විවාහක උපාසකයෙක් බොහෝම අමාරුවෙන් බිරිඳගෙන් අවසර ගෙන පැවිදි වුනා. නමුත් ටික දවසක් යද්දී නැවතත් සිවුරු හැර ගෙදර එන්ට කියා බිරිඳගෙන් දිගින් දිගටම බලපෑම් ආවා. තමන් පැවිදි වීම නිසා ඈ ඉතාම අසරණ තත්වයකට ඇද වැටුණු බවත් ඈ දැන් කරකියා ගන්ට දෙයක් නැති නිසා වෙන මිනිහෙකුගේ බිරිඳක් වෙන්ට සිතා ගත් බවත් කියා සිටියා. මේ කරුණු නිසා අර භික්ෂුවට නිවී සැනසිල්ලේ බණ භාවනා කටයුතු කරගන්ට බැරිව ගියා. තමන් පැවිදි වූ නිසා බිරිඳ අසරණ වූ බවත් තමාගෙන් සිදු වූ මේ වරද නිවැරදි කරගන්නට නම් ගිහි වීම විනා වෙන කළයුතු දෙයක් නැති බවත්

සිතා ගිහිවෙන්ට සූදානම් වුනා. මෙය දැනගත් භික්ෂූන් වහන්සේලා ඒ භික්ෂුව භාග්‍යවතුන් වහන්සේ ළඟට කැඳවාගෙන ගියා. ඒ භික්ෂුව භාග්‍යවතුන් වහන්සේට තමන්ට උදා වී ඇති තත්වය පැහැදිලි කළා. එතකොට භාග්‍යවතුන් වහන්සේ ඒ භික්ෂුවට මෙසේ වදාළා.

"භික්ෂුව, ඔබ ධර්මය තුළින් මිසක් වෙනත් ක්‍රමයකින් මේ ප්‍රශ්නය දෙස බලන්ට එපා. මේ ආත්මයේ ඔය ස්ත්‍රිය ඔබගේ ගිහි කාලයේ බිරිඳ බව හැබෑව. නමුත් කලින් ආත්මයක ඔය ස්ත්‍රිය නිසා ඔබට නිකරුණේ කඩු පහරට ලක්ව හිස ගැසුම් කන්ට සිදුවුනා" කියා මේ අතීත කතාව ගෙනහැර දක්වා වදාළා.

"මහණෙනි, ගොඩාක් ඈත අතීතයේ බරණැස්පුරේ බ්‍රහ්මදත්ත නමින් රජ්ජුරු කෙනෙක් රාජ්‍ය විචාරමින් සිටියා. ඔය කාලේ මහාබෝධිසත්වයෝ කිසියම් කර්මානුකූල හේතු කාරණා මත කාශී ගමේ එක්තරා නිවසක ඉපදී වියපත් වුන කාලේ සොරමුලකට එකතු වුනා. මේ සොරා ඇතෙක් වගේ මහා ශක්තිසම්පන්නයි. ඒ වගේම දක්ෂයි. ඉතාම රූප සම්පත්තියකිනුත් යුක්තයි. කලක් යද්දී මේ සොරාගේ කටයුතු නිසා පළාත ම හෙල්ලිලා ගියා. කාටවත් ම මොහුව අල්ලගන්ට පුළුවන් වුනේ නෑ.

දවසක් එක්තරා සිටුගෙදරක් මංකොල්ලකා මහා ධනස්කන්ධයක් පැහැර ගෙන ගියා. නගරවාසීන් බරණැස් රජ්ජුරුවෝ බැහැදැක මේ කරුණ පැමිණිලි කළා. "දේවයන් වහන්ස, මහා භයානක සොරෙක් බිහිවෙලා. මුළු නගරෙම මංකොල්ල කනවා. අපව මේ විපතින් බේරා දෙන්ට" කියා ඉල්ලා සිටියා. රජ්ජුරුවෝ සොරාව

අල්ලන්ට නගරාරක්ෂක අමාත්‍යයාට නියෝග කළා.

එතකොට නගරාරක්ෂයා රාත්‍රී තැනින් තැනින් රහසේ රාජපුරුෂයන් කණ්ඩායම් වශයෙන් සඟවා තැබුවා. ඉතාමත් වෙහෙසී බඩුත් සමගම සොරාව අල්ලා ගත්තා. රජ්ජුරුවන්ට ඉදිරිපත් කළා. "මේ සොරාගේ හිස ගසා දමව්" කියා නගරගුත්තිකයාට අණ කළා.

එතකොට නගරගුත්තිකයා සොරාගේ දෑත් පිටුපසට බැඳ බෙල්ලේ රතුවදමල් මාලාවක් දමා හිසේ ගඩොල්කුඩු විසුරුවා සතරමං සන්දියක් ගානේ කසයෙන් තළ තළා බැගෑ හඬ නංවන බෙර ගසමින් දණ්ඩන භූමියට රැගෙන යමින් සිටියා. මෙතෙක් දවස් නගරය මංකොල්ල කෑ දරුණු සොරා අල්ලාගෙන මරන්ට ගෙනියනවා යන කතාව නගරය පුරා හැමතැන ම පැතිරගියා.

ඔය කාලේ බරණැස සාමා කියලා ඉතා ප්‍රසිද්ධ ගණිකාවක් සිටියා. ඈ දවසක් කෙනෙකු සමග ගත කරන්ට රන් කහවණු දහසක් අය කරනවා. ඈ රජ්ජුරුවන්ගේත් ආදරයට ලක් වූ කෙනෙක්. පන්සියයක් වෛශ්‍යා ස්ත්‍රීන් පිරිවරාගෙන සිටියේ. ඉතින් ඈ මළබෙර හඬත්, මිනිසුන්ගේ කතාවත් ඇසී ප්‍රාසාදයේ උඩුමහලේ සිට ජනෙල් කවුළුවෙන් බලද්දී මේ සොරා මරණ දණ්ඩනයට ගෙන යන අයුරු දකින්ට ලැබුනා. සොරා දුටු ගමන් ඈ මහත් කලබලයට පත් වුනා.

"ෂා... අයියෝ... අර... මොනතරම් සුරූපී කඩවසම් තරුණයෙක් ද මේ සොරකමට අහුවෙලා තියෙන්නේ. හම්මේ... මේ පුදුමාකාර ලස්සන දිව්‍ය වර්ණයක් ඇති මිනිසෙක් නොවැ. සියලු මිනිසුන්ට වඩා ලස්සන කෙනෙක් නොවැ" කියා සාමා මේ සොරා කෙරෙහි

පිළිබඳ සිතකින් බැඳී ගියා. "මේ වගේ පුරුෂයෙක් තමා මට සැමියා කරගන්ට ඒකාන්තයෙන් ම ගැලපෙන්නේ. ඒත්... ඒත්... මං කොහොමද මෙයාව නිදහස් කරගන්නේ...? හරි මේකට කරන්ට වැඩක් තියෙනවා" කියා ඈ හරසේ ම රන් කහවණු දහසක පසුම්බියක් ඇගේ හිතවත් ස්ත්‍රියක අත නගරගුත්තිකයාට ලැබෙන්ට සැලැස්සුවා. එතකොට ඈ නගරගුත්තිකයා අතේ මුදල තබා මෙහෙම කීවා.

"අනේ ස්වාමී... මේ සොරා අපේ සාමා වෙසඟනගේ සහෝදරයෙක්. ඉතින් සාමා කීවා ඈට ඉන්නේ මේ සොයුරා විතරය කියා. ඔතන කහවණු දහසක් තියෙනවා. අනේ ඔය පුරුෂයාව රහසේ නිදහස් කර දමන්ට. "

"ඕහ්... මං කොහොමෙයි ඒක කොරන්නේ? මේ හොරා හරි ප්‍රසිද්ධ එකෙක්. ඒ නිසා මෙයාව ඔය විදිහට රහසේ නිදහස් කරන්ට පුළුවන් කමෙක් නෑ. හැබැයි මෙයා වෙනුවට වෙන කවුරුහරි ලැබුනොත් මෙයාව තිරවලින් වැසූ යානාවක වාඩි කරලා රහසේ බේරාදෙන්ට පුළුවනි."

එතකොට ඒ ස්ත්‍රිය නගරගුත්තිකගේ මේ යෝජනාව සාමාට ගිහින් කීවා. සාමා කෙරෙහි රාගයෙන් බැඳීගිය වෙනත් සිටුපුත්‍රයෙක් ඉන්නවා. ඔහු සාමාට දිනපතා කහවණු දහස බැගින් දෙනවා. එදාත් ඔහු හිරු බැසයන වේලේ රන්කහවණු දහසක් අරගෙන සාමා සොයාගෙන ආවා. එතකොට සාමා ඒ කහවණු පසුම්බිය අරගෙන තමන්ගේ කළවා දෙක මැදින් තදකොට ගෙන වැලපෙමින් වාඩි වුනා.

"ඇයි මයෙ සාමා...! මොකද අනේ ඔයා මේ අද වැලපෙන්නේ?"

"අනේ මෙයා මයෙ අයියණ්ඩි. මං මේ නරක රස්සාවක් කරනවා ය කියා මාව බලන්ට එන්නේ නෑ. ඒ නිසයි එයා ඔය සොරකමට පෙළඹුනේ. අනේ මං විනා වෙන කවුරුත් නෑ එයාව බේරාගන්ට... අනේ මයෙ දෙයියෝ... එයා විතරයි මට ඉන්නේ. එයාට මොනවා හරි උනොත් මං ඉඳලා වැඩක් නෑ. අනේ ඉක්මන් කළොත් බේරගත හැකි... ඉහි ඉහි..."

"හරි හරී... කියන්ට මයෙ සාමා... මගෙන් මොකක්ද කෙරෙන්ට ඕනෑ ඔයාගේ සහෝදරයාව බේරාගන්ට?"

"අනේ මේං මෙච්චරයි කෙරෙන්ට ඕනෑ. මං නගරගුත්තිකගෙන් මයෙ සහෝදරයාව බේරාදෙන්ට කියා ඉල්ලීමක් කළා. දහවණු දහසක් ඕනෑ කියා කිව්වා. එහෙම ලැබුණොත් එයාව නිදහස් කරන්ට පුළුවන් ලු."

"හා... ඒක එහෙනම් මට කරන්ට බැරි මොකෝ. මං ගිහින් නගරගුත්තිකට කහවණු දහස දෙන්නම්."

"අනේ... මෙයා... මං දන්නවානෙ ඔයා මට මොනතරම් ආදරෙයි ද කියා. අනේ එහෙනම් මේං මේ... ඔයා මට දුන්නු මේ කහවණු පොදිය ගෙනිහිං දෙන්ට."

එතකොට සිටුපුත්‍රයා ඒ කහවණු දහසත් රැගෙන නගරගුත්තිකයාට ගිහිං දුන්නා. එතකොට නගරගුත්තිකයා ඔහුව රහස් තැනක සඟවා සොරාව තිරරෙදිවලින් වසන ලද යානාවක වාඩිකරවා කාටවත් නොපෙනෙන්ට සාමා ළඟට පිටත් කෙරෙව්වා. "මේ හොරා රටේ ප්‍රසිද්ධ වෙච්ච එකෙක් නොවැ. ඒ නිසා තව ටිකක් රෑ බෝ වෙනකල් ඉන්ට ඕනෑ. ඒ නිසා දැන් ඔය වටපිටාවේ ඉන්නා අය තම තමන්ගේ කටයුතු කරගන්ට.

අපි මිනිසුන්ට නොපෙනෙන්ටයි මෙයාව මරවන්නේ” කියා ටික වේලාවක් ප්‍රමාද කළා. ඊට පස්සේ මිනිසුන්ට නොපෙනෙන්ට මහත් රැකවල් මැද අර සිටුපුත්‍රයාව දණ්ඩ භූමියට ගෙන ගොස් කඩුවෙන් හිස කපා වෙන් කොට ශරීරය හුල තබා නගරයට ගියා.

සාමා සොරාව ආදරයෙන් පිළිඅරගෙන ඔහුගේ සිරුරේ බෙහෙත් ගල්වා සුවපත් කළා. දැන් සාමා වෙන කාගෙන්වත් මුදල් ගන්නේ නෑ. මේ සොරා සැමියා හැටියට තබා ගත්තා. සොරා මෙහෙම කල්පනා කළා. ‘මේ ගෑණි මං කෙරෙහි හටගත් ආලයෙන් අන්ධව තමන්ට මහත් සේ ආදරය කළ සිටුපුත්‍රයාව මරා දමන්ට ස්වල්ප මොහොතක්වත් පසුබට වුනේ නෑ. ඔය විදිහට ම වෙනත් පුරුෂයෙක් ගැන ආයෙමත් ආලයෙන් අන්ධ වූ ගමන් මටත් කරන්නේ ඔය ටික තමා. මේ අත්‍යන්තයෙන් ම මිත්‍රද්‍රෝහී භයානක ස්ත්‍රියගෙන් ඉක්මනින්ම ගැලවී පලා යාම තමයි නුවණට හුරු. ඒත් මං හිස් අතින් යන්ට හොඳ නෑ. මේකිගේ ආභරණ ටිකත් අරගෙන ම යන්ට ඕනෑ’ කියා සිතා සාමාට මෙහෙම කිව්වා.

“සොඳුරී... මං මේ බිත්ති හතරකට සිරවෙලා කූඩුවක හිරවූ කුකුළෙක් වගේ හැමදාම ගෙදරකට සිරවෙලා ඉන්නේ කොහොමද? මට දවසක උද්‍යානයට ඇවිදින්ට යන්ට ඕනෑ.”

එතකොට සාමා ඒ අදහසට කැමති වුනා. කන බොන ජාති සූදානම් කරගත්තා. සියලු ආභරණවලින් සැරසුනා. සැමියාත් සමඟ තිර වසා ඇති යානාවකින් උයනට ගියා. උයනේදී ඈ සමඟ විනෝද වෙමින් සිටි සොරා ඈ සමඟ කෙලෙස් දාහය නිවාගන්නා විලාසයක්

පෙන්නමින් ඇවත් රැගෙන කණේරු මල් ගස් ගොල්ලකට රිංගාගත්තා. ඇව වැළඳගනිමින් ඇට සිහිනැතිවෙනතුරු ඇගේ සිරුර තදකළා. එතකොට ඈ කලන්තය සැදී වැතිරුණා. සොරා හනික ඇගේ සියලු අබරණ ගලවා ගත්තා. උතුරු සළුවෙන් පොදියක් ගැටගසාගෙන උයන් වැටින් පැන පලා ගියා.

සාමාට සිහි ආවාට පස්සේ නැගිටලා ඈ පරිවාර ස්ත්‍රීන් ළඟට හෙමින් හෙමින් ගියා. "අනේ මගේ ආර්ය පුත්‍රයා පේන්ට නෑ. කොහේද ගියේ? ඔයාලා දැක්කෙ නැද්ද?"

"නෑ ආර්යාවෙනි, අපිට දකින්ට ලැබුනේ නෑ."

'ම්... එතකොට එහෙනම් ඔහු හිතන්ට ඇති මං මළා ය කියලා. ඒකයි පැනලා යන්ට ඇත්තේ' කියලා සාමා කල්පනා කළා. තමා ආදරය කළ සැමියා අහිමි වීම ගැන ඈ මහත්සේ කම්පා වුනා. තම නිවසට ගිහින් "මගේ ප්‍රියාදර ස්වාමියා දැක්ක දවසටයි මං මේ සයනේ සැතැපෙන්නේ" කියා එදා පටන් ඈ බිම පැදුරක් දමාගෙන නිදියාගත්තා. සාමාට හැම දෙයක් ම එපා වුනා. ලස්සන සලු පැළඳුවේ නෑ. තුන්වේල කෑවෙ නෑ. මල් සුවඳ විලවුන් දැරුවේ නෑ. 'නෑ... මොන උපායකින් හරි එයාව ආයෙමත් සොයාගෙන මං ළඟට ගන්නවා' කියා පිණුම් ගසමින් නටන මිනිසුන් කැඳවා ඔවුන්ට කහවණු දහසක් දුන්නා.

"ආර්යාවෙනි, අපෙන් මොනාද කෙරෙන්ට ඕනෑ?"

"මේං මේකයි වෙන්ට ඕනෑ. ඔහේලා ගම් නියම්ගම් රාජධානිවලට ගොහින් නැටුම් දක්වන්ට ඕනෑ. එහෙම

නැටුම් දක්වද්දි මේං මේ ගීය ගයන්ට ඕනෑ. අපගේ ආර්යපුත්‍රයාට ඔය ගීය අහන්ට ලැබුනොත් එයා ඇවිත් කතා කරාවි. එතකොට එයාට කියන්ට ඕනෑ ඔබතුමාගේ ප්‍රියම්බිකාව වන සාමාට දැන් සනීපයි. ඒ නිසා හනික ගෙදර යං. ආං ඈ මග බලාන ඉන්නවා ය කියා. එන්ට බෑ කීවොත් ඒ පණිවිඩේත් මට එවන්ට හොඳේ" කියා වියදමට ඕනෑ කරන සෑම සියලු දෙයක් ම දුන්නා.

එතකොට ඔවුන් නැටුම් දක්ව දක්වා ඒ ඒ තැන ජනයා රැස්වෙනකොට ගීය ගයමින් බරණැසින් පිට පළාත්වලටත් ගියා. දවසක් සොරා පලාගොස් සිටි පළාතටත් ගිහින් පිරිස් මැද නැටුම් දක්වා මේ පළමු ගාථාව පැවසුවා.

(1)

අනේ එදා වසන්ත සමයේ -
රතුමලින් පිපී බැබලී ගිය
කණේරු මල් පඳුරේ සැඟවී -
එයා සිටියෙ සාමා එක්කයි
එදා ඇගේ ඇඟපත පොඩි වී -
අසනීප වෙලා සිටිය ද වැතිරී
දැන් නම් ඈ හොඳට සනීපෙන් -
ලෙඩක් නැතුව කාලෙ ගෙවන්නී

එතකොට සොරාට මේ ගීය අසන්ට ලැබුනා. ඔවුන් ළඟට ඇවිත් මෙහෙම ඇසුවා. "හා... ඔය ඇත්තම ද තමුසෙලා කියන්නේ? දැන් සාමාට සනීපය? ඒ කියන්නේ ඈ ජීවත් වෙනවා? නෑ මට නම් විශ්වාස කරන්ට අමාරුයි" කියා මේ දෙවැනි ගාථාව පැවසුවා.

(2)

එම්බා නැට්ටුවෙනි ඔබේ ඔය කතාව
- ඇත්තක් ය කියා නැත මා නම් අදහන්නේ
මහ සුළඟක් හමා වැටෙන කොළයක් සේ
- කන්දක් ගසා ගියොත් ඈතට
ගසා ගියොත් මුළු පොළොව ම ඈතට
- ඒක වෙන්ට පුළුවන් වන්නේ
සාමා මිය ගියා නෙ ගස් සෙවනේ වැතිරී
- ඈට දැන් සුවයි කියා මට ද කියන්නේ

සොරාගේ මේ වචන ඇසූ නැට්ටුවෝ මේ විදිහට ගාථාවකින් පිළිතුරු දුන්නා.

(3)

නෑ නෑ නෑ සාමා මැරුනේ නෑ -
ඈ දැන් වෙන කාටවත් ම කැමතිත් නෑ
එක වේලයි දැන් ඈ බත් කන්නී -
තොප පමණයි දැන් ඈ පතමින් ඉන්නී

මෙය ඇසූ සොරා ඒ නැට්ටුවන්ට මේ ගාථාවෙන් පිළිතුරු දුන්නා.

(4)

ඈ සමඟින් කලින් යහන්ගත නොවූ
- මා දුටු පමණින් ඈ වහා වෙනස් වුනා
බොහෝ කලක් ඈ සමඟින් යහනේ සැතපුනු
- ස්ථිර සැමියා හුවමාරු කළා
වෙන අයෙකුට ඇගෙ සිත බැඳුනොතින් මෙසේ
- ඈ මාවත් හුවමාරු කරනවා ම යි
එබඳු චපල ගෑණියක් යළිත්
- මුණ ගැසෙන්නටත් මා සිත භයයි

මං දැන් මේ පළාත අත්හැර
- දුර ඈත බලා යනවා ම යි

කියලා මෙහෙම කිව්වා. "ගිහින් සාමාට කියන්ට මං නම් ආයෙ කවරදාකවත් බරණැස පළාතෙවත් එන්නේ නැත කියලා. ඔහේලාවත් මුණ නොගැහෙන්ට ඈතට ම යනවා කියලා කිව්වා කියන්ට" කියා සොරා ඒ පළාතත් අත්හැර වෙනත් හද්දා පිටිසර පළාතකට ගියා.

මහණෙනි, එදා සාමාගේ කුමන්ත්‍රණයෙන් මැරුම් කාපු සිටු පුත්‍රයාව සිටියේ මේ භික්ෂුව. ඒ සා ආදරය දැක්වූ සැමියාට ද්‍රෝහි වූ සාමා වෙලා හිටියේ මේ භික්ෂුවගේ ගිහිකාලේ පැරණි බිරිඳ. එතැනින් පැන ගත් සොරා වෙලා සිටියේ මම" යි කියා වදාළ භාග්‍යවතුන් වහන්සේ චතුරාර්ය සත්‍ය ධර්මය වදාළා. ඒ ධර්ම දේශනාව අවසානයේ ගිහිවෙන්ට සිතා සිටි භික්ෂුව සෝවාන් ඵලයට පත් වුනා.

09. තිත්තිර ජාතකය

පව්කරන්ට භය වූ තිත්වටුවාගේ කතාව

පින්වතුනේ, පින්වත් දරුවනේ,

යහපත් කෙනා යහපත් ම යි. යහපත් කෙනා ඉතාමත් කටුක අනතුරුදායක පරිසරයේ පවා සිතන්නේ තමන් නිසා අනුන්ට අයහපතක් නොවෙන්ටයි. මෙයත් එබඳු කතාවක්.

ඒ දිනවල අපගේ භාග්‍යවතුන් වහන්සේ වැඩ වාසය කොට වදාළේ කොසඹෑ නුවර බදරිකාරාමයේ. දවසක් එහි දම්සභා මණ්ඩපයේ රැස්වූ භික්ෂූන් වහන්සේලා අපගේ භාග්‍යවතුන් වහන්සේගේ ගිහි කළ පුතණුවන් වූ අපගේ රාහුල භද්‍රයන් ගැන කතා කරමින් සිටියා.

"අනේ බලන්ට ඇවැත්නි, අපගේ රාහුලභද්‍රයෝ මොනතරම් අහිංසක, හික්මෙන්ට කැමති කෙනෙක් ද! ඉතා කුඩා වරද ගැනත් කුකුස් කරනවා. නිතරම කැමැති අවවාද ලබන්ටයි."

ඒ අවස්ථාවේ අපගේ භාග්‍යවතුන් වහන්සේ එතැනට වැඩම කොට පනවන ලද ආසනයේ වැඩ සිටියා. භික්ෂූන් වහන්සේලා තමන් කතා කරමින් සිටි කරුණ භාග්‍යවතුන් වහන්සේට සැළ කළා. භාග්‍යවතුන් වහන්සේ මෙසේ වදාළා.

"මහණෙනි, ඔය රාහුලයෝ හික්මෙන්ට ආසා, කුඩා වරදෙත් කුකුස් කරන්නේ, අවවාද ලබන්ට ආසා මේ ආත්මේ විතරක් නොවේ. මීට කලින් ආත්මවලත් ඔය විදිහම තමා" කියා මේ අතීත කතාව ගෙනහැර දක්වා වදාළා.

"මහණෙනි, ගොඩාක් ඈත අතීතයේ බරණැස්පුරේ බ්‍රහ්මදත්ත නමින් රජ්ජුරු කෙනෙක් රාජ්‍ය කරමින් සිටිය කාලේ මහාබෝධිසත්වයෝ බරණැස ම බ්‍රාහ්මණ පවුලක උපන්නා. වයසින් මෝරා යද්දී තක්ෂිලාවට ගොහින් ශිල්ප ශාස්ත්‍ර හදාරා ගෙදර ආවා. බෝධිසත්වයන්ට ගිහි ජීවිතේ ගතකරන්ට කැමැත්තක් තිබුණේ නෑ. එනිසා හිමාලයට ගොහින් ඍෂි පැවිද්දෙන් පැවිදි වෙලා ධ්‍යාන අභිඥා සමාපත්ති උපදවාගෙන වාසය කළා. කලකට පස්සේ ලුණු ඇඹුල් සෙවීම පිණිස පහළට ඇවිත් එක්තරා පිටිසරබද ගම්මානෙකට වැඩියා. ඒ ගමේ මිනිස්සු මේ තාපසින්නාන්සේව දැකලා බොහෝ ප්‍රසන්න වුනා. අසල ඇති වනාන්තරේ ම කුටියක් හදා දීලා සිව්පසයෙන් ඇප උපස්ථාන කළා.

ඔය දවස්වල ඒ ගමේ කුරුළු වැද්දෙක් සිටියා. මොහු එක් වටු කුරුල්ලෙක්ව අල්ලාගෙන කූඩුවක දාගෙන හිටියේ. ඔය කුරුල්ලාට එක දිගට කෑ ගසන්ට පුළුවනි. අර කුරුළුවැද්දා කරන්නේ වටුකුරුල්ලාව අරගෙන වනාන්තරේට යනවා. ගිහින් කුරුල්ලාව කෑ ගස්සවනවා. එතකොට වටුකුරුළු ශබ්දෙට වනේ ඉන්න අනිත් වටුකුරුල්ලෝ එතැනට එනවා. වැද්දා ඒ වටුකුරුල්ලන්ව අල්ලාගෙන ගිහින් මරලා විකුණනවා.

කූඩුවේ සිර වී ඉන්න වටුකුරුල්ලාට මේ ගැන හරිම දුකයි. 'අයියෝ... මයෙ ඥාතීන් මරණයට පත්වෙන්නේ

මගේ කෑ ගැසීම අහලා මං ගාවට දුවගෙන එන නිසා. අයියෝ මං නිසා නොවැ මේ විපැත්තිය වෙන්නේ. ආයෙ නම් මං කෑ ගහන්නේ නෑ' කියා දැඩිලෙස හිතට ගත්තා.

වෙනදා වගේ වැද්දා වටුකුරුල්ලා ඉන්න කූඩුව වනයට අරගෙන ගිහින් 'හා දැන් කෑ ගසාපන්' කියලා කූඩුවේ දැලට හයියෙන් තට්ටු කළා. කුරුල්ලා කෙඳිරි ගෑවේවත් නෑ. ඉතාමත් නිශ්ශබ්දව සිටියා. වැද්දා කුරුල්ලාව කෑ ගස්සවන්ට බැලුවා හරි ගියේ නෑ. "හෑ... ඒ ගමන මේකාට මක් වුනා ද? කෑ ගසාපිය... නැත්නම්... මං දනී තොට කරන දේ" කියලා උණපතුරකින් වටුකුරුල්ලාගේ හිසට පහර දුන්නා. මහා වේදනාවකට පත් වටු කුරුල්ලාට හයියෙන් කෑ ගැසුනා. එතකොට ආයෙමත් ඤාතීන් දුවගෙන ළඟට ආවා. වැද්දා කුරුල්ලන්ව අල්ලා ගත්තා.

වටු කුරුල්ලාට බේරුමක් ඇත්තේ ම නෑ. අන්තිමේදී වටුකුරුල්ලා මෙහෙම සිතුවා 'අනේ මගේ ඤාතීන් වන මේ කුරුල්ලෝ මැරෙත්වා කියා මට චේතනාවක් නෑ. නමුත් මං කෑ ගසන නිසා නොවැ මෙයාලා මං ගාවට එන්නේ. මං කෑ ගැසුවේ නැතිනම් ඒ කවුරුවත් මං ළඟට එන්නේ නෑනේ. එතකොට මේ අකුසලයේ විපාකයක් මට එන්ට පුළුවන්කමක් නැද්ද. එහෙම නැත්නම් මේ සත්තු මරණ චේතනාවක් නැති නිසා මට පවක් නැද්ද? අනේ මගේ මේ සැකය නැති කරන්ට ඇහැක් පණ්ඩිතයෙක් මුණ ගැසෙනවා නම් මොනතරම් දෙයක් ද!' කියා සිත සිතා කල් ගෙව්වා.

දවසක් වටු කුරුළු වැද්දා වටුකුරුල්ලාව හඬවා බොහෝ කුරුල්ලන්ව අල්ලාගෙන පැසක දමාගෙන යනිං ගමන බලවත් පිපාසයක් ආවා. එතකොට බෝධිසත්වයන්ගේ කුටියට ගිහින් කුරුලු පැසයි, වටුකුරුල්ලාගේ කූඩුවයි

පැත්තකින් තියා බඩ පුරා වතුර බීවා. වැලි තලාවේ ටිකක් හාන්සි වුනා. එහෝම නින්ද ගියා.

වැද්දාට නින්ද ගිය බව දැනගත්ත වටුකුරුල්ලා මගේ සැකය මේ තාපසයින්ගෙන් අසා සංසිඳුවාගන්ට ඕනෑය යන අදහසින් කූඩුවේ ලැග සිටියදී ම මේ ගාථාව පැවසුවා.

(1)

අනේ තාපසතුමනී මට නම් -
    ඉතා සැපෙන් ජීවත් වෙන්ට ලැබෙනවා
මා හට නම් බඩ පිරෙන්ට -
    මොක මොකවත් කන්ට ලැබෙනවා
මා හඬනා හඬ අසා නෑදෑයෝ එන නිසා -
    ඒ අය මරණෙට කැපවෙනවා
මේ පව මට වෙන නිසා මරණින් මතු -
    කොහේ යාවි දැයි මා සිත තැවෙනවා
එනිසා මං කරදරේක වැටිලයි ඉන්නේ -
    මේකෙන් මට බේරෙන්ට කුමක් කරන්නේ

එතකොට බෝධිසත්වයෝ වටුකුරුල්ලාගේ ප්‍රශ්නය විසඳමින් මේ ගාථාව පැවසුවා.

(2)

පවට නැමී ගිය මනසක් ඔබට නැති නිසා
    - දුක් වෙන්ටෙපා චූටි කුරුල්ලෝ
පව් කරන්ට යොමු නොවනා යහපත් දිවි ඇති
    - ඔබ වැනි යහපත් කෙනෙකුට
වෙනත් කෙනෙක් කරනා පව් නැත රැස්වන්නේ
    - ඔබේ සිතේ නොමැත ඇලෙන්නේ

එය ඇසූ වටුකුරුල්ලා ආයෙමත් මේ ගාථාව පැවසුවා.

(3)

මා හඬලන විට මේ හඬ ඈතට පැතිරෙන්නේ
- නෑදෑයෝ මා ඉන්නා බව දැනගන්නේ
අනේ ඉතිං ඒ අය මා වෙතටයි එන්නේ
- මං නිසානෙ ඒ අය මරණෙට පත්වන්නේ
මෙයින් මටත් අකුසල් සිදුවෙන්නේ නැතිදෝ
- මා හට බොහො සැක පවතින්නේ

බෝධිසත්වයෝ වටුකුරුල්ලාගේ මේ ප්‍රශ්නයට පිළිතුරු වශයෙන් මේ ගාථාව පැවසුවා.

(4)

ඔයාගෙ සිත පව් කරන්ට නෑ සම්බන්ධ
- පවින් කිළිටි නොවී තියෙන්නේ
වැද්දා ඔබේ හඬ යොදවා පව් කෙරුවාට
- ඒ පව් නැත ඔබේ සිතේ තැන්පත් වන්නේ
පව් කරන්ට ඔබේ උනන්දුවක් නැති නිසා
- ඔබ යහපත් කෙනෙක් වන නිසා
එයින් ඔබට අකුසලයක් නැත සිදුවන්නේ
- එනිසා නොතැවී සිටපන්නේ

බෝධිසත්වයන්ගේ අවවාද පිළිගත් වටුකුරුල්ලා සැනසුම් සුසුම් හෙලුවා. එතකොට ම වැද්දා අවදි වුනා. බෝධිසත්වයන්ට වැඳලා වටුකුරුල්ලාගේ කූඩුවත් අල්ලාගෙන, කුරුල්ලන්ගේ පැසත් අරගෙන පිටත්ව ගියා.

මහණෙනි, එදාත් අකුසලයට භයින් සංවරයට කැමැත්තෙන් සිටි වටුකුරුල්ලාව සිටියේ අපගේ රාහුලයෝ. කුරුල්ලාට අවවාද කොට සංසිඳවූ තවුසාව සිටියේ මම” යි කියා භාග්‍යවතුන් වහන්සේ මේ ජාතකය නිමවා වදාළා.

10. සුච්චජ ජාතකය

බිරිඳගේ ගුණ අමතක කළ සැමියාගේ කතාව

පින්වතුනේ, පින්වත් දරුවනේ,

මෙයත් ඉතාම ලස්සන කතාවක්. සමහර අයට තමන් ළඟ ම ඉන්න කෙනාගේ වටිනාකම පේන්නේ නෑ. එයා කොයිතරම් මහන්සි වුනත් කැපවුනත් ආදරයෙන් සිටියත් එය තේරුම් ගන්නෙ නෑ. එවැනි කෙනෙකුට සිහි උපදවා දීම ගැනයි මේ කතාව.

ඒ දිනවල අපගේ භාග්‍යවතුන් වහන්සේ වැඩ වාසය කොට වදාළේ සැවැත්නුවර ජේතවනයේ. ඔය දවස්වල සැවැත්නුවර සිටිය සැමියෙක් සිය බිරිඳත් සමඟ ගම්වල ණය බඩු එකතු කරගෙන එන්ට ගියා. ගිහින් ණය බඩු එකතු කරගත්තා.

කරත්තයක් ගෙනැවිත් බඩු ටික පස්සේ අරගෙන යන්ට ඇහැකි කියා හිතවත් ගෙදරක බඩු තැබුවා. ආපසු සැවැත්නුවර බලා එද්දී ඔවුන්ට අතරමගදී ඈතින් කන්දක් දකින්ට ලැබුනා. එය දුටු බිරිඳ සැමියාට මෙහෙම කීවා.

"ආං... බලන්ට අනේ අර කන්ද. ලස්සනයි නේ... ඉතින් අනේ බැරිවෙලාවත් ඔය පර්වතේ සම්පූර්ණයෙන් රත්තරන් වුනොත් ඔයා මට ඔය කන්ද දෙනවා නේ!"

එතකොට බිරිඳ දෙස නොබලාම සැමියා මෙහෙම කිව්වා.

"ම්... මේං වැඩක්... මට තී කව්ද. එහෙම වුනොත් මං තිට දෙඤ්ඤං. බලා හිටිං... හහ්... මං කිසිම දෙයක් දෙන්නෑ."

එතකොට බිරිඳ කරබාගෙන නිහඬ වුනා. හිතට මහා වේදනාවක් හටගත්තා. 'ආහ්... මෙයා නම් හිතක් පපුවක් නැති කෙනෙක්. මෙයාගේ හදවත ගලක් ද මන්දා! අච්චර විශාල පරුවතයක් රත්තරන් වුනත් මට කිසිම දෙයක් දෙන්නෑ කීවා නොවැ'යි සිතමින් මහත් දුකින් ගමන් කළා.

ඔවුන් සැවැත්නුවරටත් ආවා. ජේතවනයත් ළං වුනා. 'අනේ හරි පිපාසයි අනේ. අපි ජේතවනයට ගොහින් වතුර ටිකක් බීලා යං' කියලා බිරිඳ කිව්වා. එතකොට දෙන්නාම ජේතවනයට ඇතුළු වෙලා වතුර බීවා. එන්ට පිටත්වෙද්දී සුගන්ධ කුටිය ඉදිරිපස භාග්‍යවතුන් වහන්සේ මේ දෙන්නා දිහා බලාගෙන වැඩ සිටියා.

එදා පාන්දර හිමිදිරියේ භාග්‍යවතුන් වහන්සේ මහා කරුණා සමාපත්තියට සමවැදී බලද්දී මේ දෙන්නාට ම මාර්ගඵල ලැබීමේ පින තියෙන බව බුදු නෙතින් දැක වදාළා. ඒ නිසා අපගේ භාග්‍යවතුන් වහන්සේ මේ දෙන්නා ගැන බලාපොරොත්තුවෙන් සිටියේ. ඒ දෙන්නා භාග්‍යවතුන් වහන්සේගේ සිරුරින් ෂඩ් වර්ණ බුද්ධ රශ්මි විහිදෙනවා දැක්කා. දැකලා මහත් සතුටින් ගිහින් වන්දනා කළා. එකත්පස්ව වාඩිවුනා.

"හා... ඔය ඇත්තෝ කොහේ ගිහින් එන ගමන් ද මේ?"

"අනේ ස්වාමීනී, අපට ණය බඩු වගයක් එකතු කරගන්ට තිබ්බා පිට ගමක. ඉතින් අපි ඒවා එක්කාසු කරලා හිටං ගෙදරකින් තියලා මේ එමිං ගමන."

එතකොට භාග්‍යවතුන් වහන්සේ බිම බලාගෙන සිටිනා බිරිඳ දෙස බලා මෙසේ වදාළා. "ඇයි උපාසිකාව... මේ ටිකක් කල්පනාවෙන් වගේ. තමන්ගේ ස්වාමියා තමන්ට බොහෝම ලෙන්ගතුව උදව් උපකාර කරනවා නොවැ."

"අනේ ස්වාමීනී, මෙයාට ලෙන්ගතු මං විතරයි මයෙ හිතේ. මං සෑම දේකට ම උදව් වෙනවා. ඒත් මෙයාට මං ගැන වගක් නෑ. ලෙන්ගතුකොමක් නෑ. අදත් එහෙම දෙයක් වුනා ස්වාමීනී. අදත් අපි එමිං ගමන අපට ලස්සන පරුවතයක් දකින්ට ලැබුනා. ඉතිං මං මෙයාගෙන් ඇහුවා 'අර පර්වතේ රත්තරන් වුනොත් ඔයා මට මොනවැයි දෙන්නේ' කියලා. අනේ ස්වාමීනී, ගත් ඝාටට ම 'හා... මං තිට දෙඤ්ඤං. බලාහිටිං. කව්ද තී... මං තිට කිසිම දෙයක් දෙන්නෑ' කීවා නොවැ. මට් මෝකාදෝ වුනා. මෙයාගේ හදවත හරි තදායි ස්වාමීනී."

"නෑ උපාසිකාව... මේ උපාසක ඔහොම කීවාට යම් විටක උපාසිකාවගේ ගුණ සම්පත් සිහි කරන්ට පටන් ගත්තොත් සියලු යස ඉසුරු දෙන්නේ ඔය උපාසිකාවට තමා. ඇයි කලින් ආත්මෙකත් එහෙම කළා නොවැ."

"අනේ ස්වාමීනී, අපට ඒ කතාව කියා දෙන්ට" කියා ඒ දෙන්නා භාග්‍යවතුන් වහන්සේගෙන් ඉල්ලා සිටියා. භාග්‍යවතුන් වහන්සේ මේ අතීත කථාව ගෙනහැර දක්වා වදාළා.

"ගොඩාක් ඉස්සර කාලෙක බරණැස්පුරේ බ්‍රහ්මදත්ත නම් රජ්ජුරු කෙනෙක් රාජ්‍ය විචාරමින් සිටියා. ඔය කාලේ මහාබෝධිසත්වයෝ බරණැස් රජ්ජුරුවන්ගේ සියලු කටයුතු භාර අමාත්‍යයා වශයෙන් සිටියා. දවසක් රජ්ජුරුවෝ තමන්ගේ පුත් කුමරා උපස්ථානයට එන අයුරු බලා සිටියා. 'මොහු නිසා මට ප්‍රශ්න ඇතිවෙන්ට පුළුවනි' කියා සිතා පුත්‍රයා කැඳවා මෙසේ කිව්වා.

"පුත්‍රය... මං ජීවත් වෙනතුරු ඔබ මේ රාජ්‍යයේ වසනවාට මං කැමති නෑ. වෙන කොහේ හරි ගොහින් වාසය කරපං. මගේ ඇවෑමෙන් පස්සේ ඇවිත් රාජ්‍ය භාරගනිං" කියා පවසා සිටියා.

එතකොට රාජකුමාරයා "එසේය මහරජ්ජුරුවෙනි" කියා තමන්ගේ ජ්‍යෙෂ්ඨ බිරිඳත් කැඳවාගෙන නගරයෙන් පිටත්ව ගියා. ඈත පිටිසර පළාතකට ගිහින් වනගත ප්‍රදේශයක කුටියක් හදාගෙන අල ගෙඩි පළතුරු ආදියෙන් යැපෙමින් වාසය කළා. කලක් යද්දී රජ්ජුරුවෝ කළුරිය කළා.

යුවරාජපුත්‍රයා ආකාසේ නැකැත්තරු බලා රජ්ජුරුවෝ කළුරිය කළ වග දැනගත්තා. බිරිඳත් සමඟ බරණැස බලා පිටත් වුනා. ඔවුන් එන අතරමගදී එක්තරා ලස්සන කන්දක් දැක්කා. එතකොට දේවිය මෙහෙම කිව්වා. "ආං බලන්ට ස්වාමීනී, අර කන්ද හරි ලස්සනයි නේද. ඉතිං ස්වාමීනී ඔය කන්ද බැරි වෙලාවත් රත්තරන් බවට පත් වුනොත් මට මොනවැයි දෙන්නේ?"

එතකොට යුවරාජපුත්‍රයා ඈ දෙස නොබලාම "හා... බලා හිටිං... දෙඤ්ඤෙං මං තිට... කව්ද තී... මං මොකවත් ම දෙන්නෑ" කියා කිව්වා. එතකොට ඈ සිතින්

කඩාගෙන වැටුනා. 'භානේ... මෙයාගේ හදවත ගලක් ද? මට මෙයා ගැන ඇති ආදරය නිසා ම යි මෙයාව අත් නොහැර මේ වනේට ඇවිත් අල ගෙඩි කකා දුක් විඳගෙන වාසය කළේ. ඒත් මෙයාගේ අදහස මොනතරම් වෙනස් ද? මෙයා රජ වුනත් මට නම් ඒකෙන් යහපතක් වෙන එකක් නෑ' යි සිතා මහත් දුකින් ගියා.

යුව රාජයා බරණැසට ඇවිත් රාජ්‍යයේ පිහිටියා. බිරිඳට අග්‍රමහේෂිකා තනතුරු ලැබුනා. නමුත් වෙනත් යසඉසුරු කිසිවක් ලැබුනේ නෑ. දැන් රජතුමාට ඈ ඉන්නවා ද යන වගවත් ගානක් නෑ. ඈ ඉතා දුකින් වාසය කළා. බෝධිසත්ව අමාත්‍යයාට මේ වෙනස පෙනුනා. 'අනේ මේ දේවිය මේ රජ්ජුරුවන්ට මොනතරම් ආදරයෙන් උපකාරීව ඉන්නවා ද. තමන්ගේ දුක් ගණනකට නොගෙන වනයට ගොහින් සැමියා රැකගෙන වාසය කළා. දැන් රජ්ජුරුවෝ ඈ ගණනකට නොගෙන අන්‍ය ස්ත්‍රීන් එක්ක විනෝද වෙනවා. මංවත් මැදිහත් වෙලා ඈයට හිමි විය යුතු යස ඉසුරු ලබා දෙන්ට ඕනෑ' කියා කල්පනා කළා.

දවසක් බෝධිසත්වයෝ දේවිය මුණගැසෙන්ට ගියා. "මහාදේවී... ඔබතුමියගෙන් අපට අඩු ගණනේ සහල් මිටක් තරම් දෙයක්වත් තෑගි හැටියට ලැබුනේ නෑ නොවැ. ඇයි දැන් අප ගැන කිසිම සැලකීමක් නැත්තේ. ඔබතුමියගේ සිත දැඩි වෙලාවත් ද?"

"අනේ පියාණනි, මටවත් මොකවත් ලැබෙන්නේ නැති කොට මං ඔයාට දෙන්නේ කොහොමද? හැබැයි මට ලැබෙනවා නම් මං දෙනවා ම යි. මට දැන් රජ්ජුරුවෝ මොනවාද දෙන්නේ? අපි වනාන්තරේ ඉඳලා බරණැස එන්ට පිටත් වුනා නොවැ. ඉතින් අපි එන අතරේ

පියාණෙනි, ලස්සන පර්වතයක් දැක්කා. එතකොට අපේ රජතුමා යුවරජ්ජුරුවෝ නොවැ. මං ඒ කන්ද පෙන්නා එතුමාගෙන් ඇසුවා 'ආන් ස්වාමීනී, හරී ලස්සන කන්දක්. බැරිවෙලාවත් ඔය කන්ද රත්‍රන් බවට පෙරලුනෝතින් ඔයා මට මොකවත් දෙනවා ද' කියලා. එතකොට ම ගත් කටට ම 'හා... බලා හිටිං... දෙඤ්ඤං මං තිට... කව්ද තී. මං මොකවත්ම දෙන්නෑ' කිව්වා නොවැ. බලන්ට මං වෙනුවෙන් සුවසේ වචනයක් කියන්ට පුළුවන්කම තිබියදී එහෙම දෙයක්වත් කළේ නෑ.

"හරි... දේවියට රජ්ජුරුවෝ ඉදිරියේදීත් ඔය කතාව මාත් එක්ක කියන්ට පුළුවනි ද?"

"මට පුළුවනි පියාණෙනි."

"හරි... එහෙනම්... රජ්ජුරුවෝ ළඟදී මං ඕක අසනවා. කියන්ට ඕනෑ ඕං"

"හරි පියාණෙනි..."

එතකොට බෝධිසත්වයෝ දේවිය රජ්ජුරුවන්ට උපස්ථානයට ඇවිත් සිටි අවස්ථාවේ මෙහෙම කිව්වා. "මහාදේවී... අපට ඔබතුමියගෙන් තවම තෑගි බෝග කිසිවක් ලැබුනේ නෑ නොවැ."

"අනේ පියාණෙනි, මං කොහොම දෙන්ට ද? අපගේ රජ්ජුරුවන්ගෙන් මට කිසිම දෙයක් ලැබෙන්නේ නැතිකොට. එනිසා මං දැන් මොනවා නම් දෙන්ට ද. මෙතුමා මාත් සමඟ වනාන්තරේ සිට බරණැස එන ගමනේ ලස්සන පරුවතයක් දැකලා මං ඇහැව්වා, 'අනේ ස්වාමී, අර පරුවතේ රන් බවට පෙරළුනොත් මට මොනවා ද දෙන්නේ?' කියලා. එතකොට ගත් කටට

ම 'හා බලා හිටිං... දෙඤ්ඤං මං තිට... කව්ද තී... මං මොකවත්ම දෙන්නෑ' කියලා කිව්වා නොවැ. මේ තරම් වචන මාත්‍රයෙකින් පරිත්‍යාග කරන්න පුළුවන්කම තිබියදී මං වෙනුවෙන් වචනයක් පරිත්‍යාග කරන්නේ නෑනේ කියා මට හරියට දුක හිතුනා' කියලා මේ පළමු ගාථාව පැවසුවා.

(1). මං වෙනුවෙන් එකම මිහිරි වචනයක්
- සැබෑවටම කිව හැකි මුත්
මිහිරි වචන මාත්‍රයක් පමණක්වත්
- මා හට නෑ නොවැ දුන්නේ
රන්මය වූ පර්වතයෙන් කිසිවක් මට
- දෙනවා දැයි ඇසූ විටදි
ඇයි ආදරයෙන් එක වචන මාත්‍රයක්
- මා හට මෙයා නොදුන්නේ

එතකොට රජ්ජුරුවෝ මේ ගාථාවෙන් පිළිතුරු දුන්නා.

(2). යමක් කරන්නට ඇහැකි ද
- එයයි කියන්නට ඕනෑ
යමක් කරන්නට නොහැකි ද
- එය නොකියා ඉන්ට ඕනෑ
නොකෙරෙන බොරු වදන් කීම
- නුවණැත්තෝ නොකියත් ම ය
වචන මාත්‍රයෙන් ලබන එය ලාමක බව
- නුවණැත්තෝ දනිත් මැ යි

එය ඇසූ දේවිය රජ්ජුරුවන්ට දෑත් එකතු කොට වන්දනා කරගෙන මෙය පැවසුවා.

(3)

සත්‍යයෙහිත් ධර්මයෙහිත් පිහිටා සිටිනා
- රජුනි ඔබට නමස්කාර වේවා
ඔබව රටෙන් නෙරපා හැර දැමූ කාලේ
- විපතට වැටී සිටි කාලේ
ඔබේ මනස සත්‍යට ම ඇලී තිබේ

රජුගේ ගුණය ගැන කියා සිටි දේවියගේ වචනය ඇසූ බෝධිසත්වයෝ ඇයගේ ගුණයට පසසමින් මේ ගාථාව පැවසුවා.

(4)

තම සැමියා දිළිඳුව කල් ගෙවනා විට
- බිරිඳත් කල් ගෙවයි දිළිඳුව ම
ධනයෙන් යුතුව සැමියා දියුණු වූ විට
- බිරිඳත් සිටී ධනවත් වී සොඳ ලෙසට
කිත් යසස් ඇති ඒ බිරිඳ ම යි
- ඔහු හට උතුම් බිරිඳ ම
රන් රුවන් මහධනය ඇති විට
- ස්ත්‍රීන් සිටීම පුදුමයක් නොවේ

බෝධිසත්වයන්ගේ මේ කීමත් සමගම රජ්ජුරුවන්ට තමන්ගේ වනවාස කාලය මතක් වෙන්ට පටන් ගත්තා. තම බිරිඳ සමඟ ඉතා දුකසේ වාසය කළ හැටි මතක් වෙන්ට පටන් ගත්තා. ඒ සියලු දුක් විඳින තමන්ට මහත් ආදරයෙන් සැලකූ හැටි මතක් වෙන්ට පටන් ගත්තා. තමන්ගේ දේවියට සියලු යස ඉසුරු ලබා දුන්නා. "අමාත්‍යය, ඔබ මට මගේ දේවියගේ ගුණ සිහි කර දීම ගැන මං විශේෂයෙන් පැහැදුනා" කියා බෝධිසත්වයන්ටත් මහත් සත්කාර ලැබුනා.

භාග්‍යවතුන් වහන්සේ මේ ජාතකය වදාරා චතුරාර්ය සත්‍ය ධර්මය වදාළා. ඒ ධර්ම දේශනාවේ කෙළවර ස්වාමියා - බිරිඳ දෙදෙනා සෝවාන් ඵලයෙහි පිහිටියා.

"එදා බරණැස් රජු වුනේ මේ උපාසක. දේවිය වෙලා සිටියේ මේ උපාසිකාව යි. දේවියට නිසි සැප ඉසුරු ලබාදුන් ඇමතියාව සිටියේ මම" යි කියා භාග්‍යවතුන් වහන්සේ මේ ජාතකය නිමවා වදාළා.

දෙවැනි පුචිමන්ද වර්ගය යි.

මහාමේඝ පුකාශන

29. උදලු කෙටිය

- **ඉංග්‍රීසි භාෂාවට පරිවර්තනය වී ඇති ධර්ම දේශනා ග්‍රන්ථ :**

- **ඉංග්‍රීසි භාෂාවට පරිවර්තනය වී ඇති සූත්‍ර දේශනා ග්‍රන්ථ :**

- **ඉංග්‍රීසි භාෂාවට පරිවර්තනය වී ඇති සදහම් සිතුවම් පොත් :**